Manuel
de survie
pour les
filles
d'aujourd'hui

100 % FILLES

Coordination éditoriale : Sarah Malherbe
Direction artistique : Élisabeth Hebert
Édition : Claire Renaud

www.editionsfleurus.com
www.ledicodesfilles.com
N° d'édition : 08136-01
ISBN : 978-2-2150-4656-1
« Loi n° 49-956 du 16 juillet 1949 sur les publications destinées à la jeunesse. »

Manuel de survie pour les filles d'aujourd'hui

100 % FILLES

FLEURUS

Musique
Confiance

COPINES
AMOUR

100 % FILLES

Encore une fois, c'est sûr,
vous allez vous l'arracher !

NI MORALO, NI INTELLO, NI DÉMAGO...

TOUTE LA VIE DES FILLES EN 200 MOTS !

Le DICO
des filles

www.ledicodesfilles.com

BLOG
Look Liberté
FÊTE
Déclaration d'amour
Tolérance

FLEURUS

Introduction

Attention les filles ! Ce livre est un couteau suisse !
Il sert à tout et en toute occasion.

Avec lui vous pourrez découper un poulet, réparer votre ordinateur, redécorer votre chambre, réussir vos devoirs sur table, déboucher un évier, changer une ampoule, coudre un ourlet, faire monter une mayonnaise à tous les coups, mettre du rouge à lèvres sans déborder, réparer un collant filé, vous épiler sans souffrir, faire disparaître n'importe quelle tache sur vos vêtements, arrêter un saignement de nez, faire les soldes.

Mais aussi briller à un dîner, négocier une sortie avec vos parents, gâter votre meilleure copine, trouver un stage, devenir une super baby-sitter, partir en vacances à l'autre bout du monde, et surtout, surtout, être aimée à la folie du bel Édouard, celui qui fait battre votre cœur à la chamade depuis toujours !

Allez les filles ! Vous savez tout faire !
Montrez au monde entier que vous n'êtes pas des « nunuches » qui pleurent lorsqu'elles se cassent un ongle mais des aventurières d'aujourd'hui, des Indiana Jones des temps modernes (au féminin, bien sûr !).

S.OS Sommaire

100 % FILLES

ma
beauté

100 % FILLES

Les Must have de survie pour les filles d'aujourd'hui

Illustrations : Rémi Regazzoni
Photos : Lionel Antoni
Stylisme : Élisabeth Hebert

mon look

ma
troussse de survie

SOS Test

Quelle débrouillarde êtes-vous ?

❶ Ce soir, vous gardez le fils de vos voisins, un bébé de neuf mois. Il se met à pleurer...
- ■ Vous appelez votre mère à la rescousse, paniquée, pour qu'elle vienne vous aider.
- ● Vous le regardez pleurer et vous vous mettez à pleurer à votre tour.
- ▲ Vous savez tout de suite à ses pleurs s'il a faim, soif ou simplement besoin d'un câlin.

❷ Vous vous êtes offert un très joli top en soie. Pour le lavage, ce sera...
- ▲ À la main, impérativement.
- ● À 60 degrés. Il faut que ça chauffe !
- ■ Comme le dit l'étiquette, à 30 degrés.

❸ Pour séduire le garçon de vos rêves, quelle est votre stratégie ?
- ● Jouer la bonne copine : sympa, serviable, celle qui lui parle de foot et de Playstation et qui rit très fort à ses blagues.
- ▲ Aucune, simplement vous montrer sous votre meilleur jour : douce et attentionnée, drôle et spirituelle.
- ■ Essayer de ne pas bégayer ni rougir et c'est déjà beaucoup !

❹ Perdue dans une ville étrangère, vous auriez plutôt tendance à...
- ■ Éclater en sanglots.
- ▲ Rentrer dans une boutique pour demander votre chemin.
- ● Vous prendre pour Scarlett Johansson dans *Lost in translation* et trouver cela formidable.

❺ Ce soir, c'est l'anniversaire de Chloé. Pour convaincre vos parents de vous accorder la permission de minuit...
- ▲ Vous leur donnez le numéro des parents de Chloé, son adresse et vous finissez tous vos devoirs avant de sortir. Cela devrait les rassurer !
- ■ Vous faites votre petite comédie : « Ma vie en dépend », « Je ferai la vaisselle toute l'année si vous voulez », « Je vous en supplie »…
- ● Vous les menacez de faire une fugue s'ils ne changent pas immédiatement d'avis.

❻ Vous avez obtenu 9/20 à un devoir à la maison. Vous trouvez cette note injuste...
- ▲ Vous allez voir votre professeur pour essayer de comprendre les failles de votre copie et ne pas refaire les mêmes erreurs à l'avenir.
- ■ Vous êtes très déçue et vous préférez vous faire consoler par vos copines.
- ● Vous hurlez au scandale. Vous méritez au moins 17, et vous l'aurez, coûte que coûte !

❼ Il est 20 heures, votre maman n'est toujours pas rentrée du travail et votre petit frère a faim...

▲ En deux temps, trois mouvements, vous préparez une quiche, une salade verte.

● Pas de problème : vous sortez le pain, le chocolat et le saucisson. En voilà un bel en-cas !

■ Vous la harcelez de coups de fil pour savoir si elle compte rentrer un jour, oui ou non !

❽ Votre ordinateur refuse de s'allumer depuis trois jours...

▲ Il faut sans doute le reformater. Vous glanez des conseils à droite et à gauche et vous vous lancez !

● De colère, vous lui tapez dessus. Avec un peu de chance, ça va le réveiller !

■ Vous ne cherchez même pas à comprendre et l'emmenez chez un réparateur.

❾ Catastrophe ! Vous êtes en cours, votre collant est filé de haut en bas et vous ne pouvez pas rentrer chez vous avant le soir...

● Vous l'enlevez. Vous aurez peut-être froid, mais pas honte !

▲ Vous dégainez le pot de vernis à ongles transparent que vous avez toujours dans votre sac. Et en cinq minutes, le collant est comme neuf.

■ Vous suppliez votre mère, père ou sœur de vous en apporter un neuf dans l'heure.

❿ Votre nouvelle commode a enfin été livrée ! Mais en kit, et maintenant il faut la monter...

▲ Vous suivez les instructions à la lettre, et en deux heures, elle est prête à accueillir tous vos petits tops.

● Vous vous lancez sans lire le mode d'emploi. On verra bien le résultat !

■ Vous demandez à une bonne âme de vous assister. À deux, la corvée sera moins pénible.

▲ VOUS AVEZ BESOIN DU *MANUEL DE SURVIE POUR LES FILLES D'AUJOURD'HUI* !

Vous êtes très débrouillarde, que ce soit pour les détails pratiques de la vie de tous les jours, ou pour gérer vos relations avec les autres. Vous gardez toujours votre sang-froid et vous savez vous sortir de toutes les situations compliquées. En clair, et comme dirait votre grand-mère, vous n'avez pas les deux pieds dans le même sabot ! Vous trouverez dans votre *Manuel* des petites astuces supplémentaires pour être la *self-made girl* parfaite.

● VOUS AVEZ BESOIN DU *MANUEL DE SURVIE POUR LES FILLES D'AUJOURD'HUI* !

Vous n'hésitez pas à prendre des initiatives, mais souvent sans réfléchir... ce qui vous mène parfois à la catastrophe ! Très vive, impulsive, vous ne vous laissez pas marcher sur les pieds et vous détestez que quoi que ce soit vous résiste ou se mette en travers de votre route. Essayez simplement de ne pas agir trop vite, ni de vouloir à tout prix « que ça passe ou que ça casse ». Cela vous évitera bien des tracas ! Votre *Manuel* vous y aidera !

■ VOUS AVEZ BESOIN DU *MANUEL DE SURVIE POUR LES FILLES D'AUJOURD'HUI* !

Vous pourriez être une grande débrouillarde, futée et pragmatique, mais vous avez un petit manque de confiance en vous qui vous empêche « d'oser ».
Vous préférez donc souvent faire appel aux autres pour qu'ils vous aident, car cela vous rassure. Essayez de prendre des décisions par vous-même la prochaine fois qu'une difficulté se présente, et de ne pas « vous noyer dans un verre d'eau ». Si, si, vous en êtes tout à fait capable ! Et votre *Manuel* vous sera d'un précieux secours !

Test de Marie Clerc

Les Must have de la Survie

Tout ce que vous devez absolument avoir avec vous dans votre trousse de survie ultra-tendance.

NB : nous avons vérifié, cela tient dans une trousse !

1. Votre passeport ou papiers d'identité
2. Vos clés
3. Votre téléphone portable
4. Votre crème hydratante
5. Votre porte-monnaie
6. Votre brosse-glace
7. Vos chewing-gums mentholés
8. Vos petits ciseaux
9. Vos lingettes déodorantes
10. Votre rouge à lèvres
11. Votre *I-pod*
12. Vos bandes de cire à épiler
13. Vos tampons
14. Votre brosse à ongles-pierre ponce
15. Votre spa cuticules
16. Votre paire de collants de rechange
17. Vos lingettes débarbouillantes
18. Votre carnet et votre stylo préférés
19. Votre pince à épiler
20. Vos lunettes de soleil
21. Votre ponceur électrique pour ongles
22. Vos gélules pour teint hâlé
23. Votre gloss
24. Votre crème « coup de fouet »
25. Votre poudre
26. Votre lime à ongles
27. Votre stick-œil « détente parfaite »
28. Votre fond de teint
29. Votre trousse (dans laquelle tout rentre !)
30. Votre couronne, parce que vous êtes maintenant la reine de la débrouille !

Les Must have du Maquillage

Tous les produits que vous devez avoir pour un maquillage ultra-tendance.

1. Votre démaquillant
2. Votre vernis à ongles
3. Votre duo ombres à paupières
4. Votre « vrai » khôl
5. Votre parfum
6. Votre miroir de poche
7. Votre poudre irisée
8. Votre rouge à lèvres
9. Votre eye-liner
10. Votre fond de teint
11. Votre crayon à sourcils
12. Votre brosse à sourcils
13. Votre recourbe-cils
14. Vos faux-cils
15. Votre crème de gommage
16. Votre mascara
17. Votre crème hydratante

Qui sera la plus belle pour aller danser ?

Vous, évidemment !

Les Must have du Look

Ce que vous devez
absolument avoir
dans votre garde-robe,
quel que soit votre style.

Mon jean !

• Une petite veste noire cintrée
• Un petit top décolleté près du corps
• Une ceinture en cuir
• Un jean basique
• Un sac tendance
• Des ballerines

Classique

Rock

Glamour

Romantique

Diadème...

Leggings !

spartiates

- Des lunettes rock
- Une besace
- Tee-shirts superposés manches courtes sur manches longues, c'est mieux.
- Un gilet d'homme cintré
- Une ceinture colorée
- Une mini
- Des leggings
- Des baskets en toile montantes

- Un diadème
- Une pochette
- Une petite robe bustier courte
- Des nu-pieds à talons

- Une couronne de fleurs
- Une blouse blanche et longue, ajustée à la taille
- Un bouquet de fleurs
- Des spartiates

Les
Must have
du
Bricolage

Tous les outils qui doivent
remplir votre boîte (à outils !)
pour bricoler chic et tendance.

1. Votre pince-étaux becs courts
2. Votre poinçon
3. Vos boulons
4. Vos rondelles
5. Votre visseuse
6. Votre niveau à bulles
7. Votre marteau
8. Votre ampoule basse consommation
9. Votre clé

10. Votre grand tournevis
11. Votre tournevis électrique testeur
12. Votre pince multiprises
13. Votre mètre
14. Votre boîte à outils
15. Vos vis
16. Votre casque pour protéger
    votre jolie tête

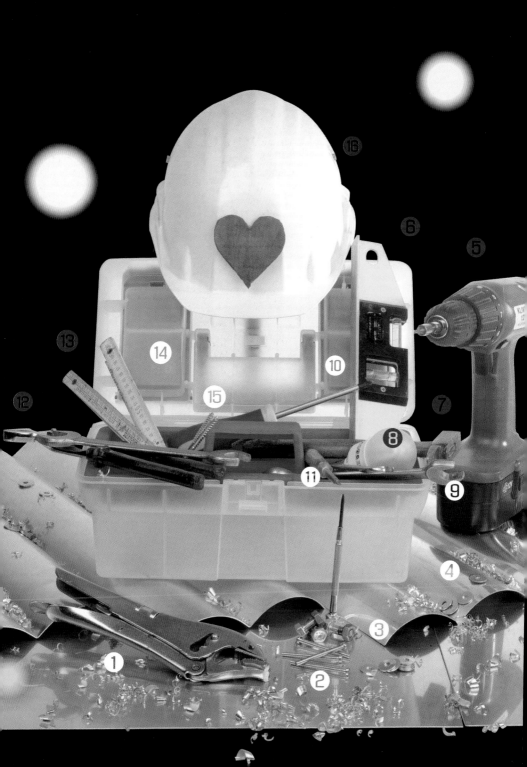

Les **Must have** de la **Pharmacie**

Tous les médicaments de votre trousse à pharmacie pour se soigner efficacement et tendance.

1. Votre spray d'eau minérale
2. Votre bande Velpo
3. Votre coton hydrophile
4. Vos compresses stériles
5. Votre trousse à pharmacie
6. Vos comprimés de paracétamol
7. Votre gel à l'arnica
8. Votre désinfectant
9. Votre spray désinfectant brulûre
10. Vos dosettes de sérum physiologique
11. Vos pansements

Les Must have de la Cuisine

Tous les ustensiles
qui doivent absolument trôner
dans la cuisine pour réaliser
un « fooding » tendance.

1. Votre Chupa Chups maxi (pour vous empêcher de goûter à tout !)
2. Votre passoire
3. Votre bol bleu de présentation
4. Votre transistor (car la cuisine en musique, c'est mieux !)
5. Votre batteur mixeur design
6. Votre cuillère en bois vintage
7. Votre robot à tout faire
8. Vos gants ultra tendance
9. Votre boule à facette (car la cuisine, c'est disco !)
10. Votre casserole-cœur, pour cuisiner avec amour
11. Votre râpe à fromage
12. Votre bol noir de présentation
13. Votre fouet couronné (car la reine de la cuisine, c'est vous !)
14. Votre verre à pied
15. Votre pelle à tarte

PARTENAIRES ET POINTS DE VENTE
Séphora : 0 892 70 70 70
La chaise longue : www.lachaiselongue.fr
Bathroom graffiti : 01 47 73 93 63
Pylônes : 01 56 83 81 24
Casa : www.casashops.com
Guerlain : 01 47 42 53 23
Chanel : www.chanel.com
Avène : www.eau-thermale-avene.com
Clarins : www.clarins.fr
Dim : 01 47 59 15 15
Biotherm : www.biotherm.fr
Givenchy : www.givenchy.com
Castorama : www.castorama.fr
Leroy-Merlin : 0810 634 634
Ikéa : www.ikea.com

Merci

Nous tenons tout particulièrement à remercier Rémi Regazzoni,
styliste chez Cotélac pour la ligne Acoté, et sa ribambelle de filles,
qui, même lorsqu'elles cuisinent ou bricolent, sont chicissimes !

Pour retrouver ses créations, allez chez Acoté.
Liste des points de vente au 01 55 35 91 50.

mon
look

ma
beauté

Manuel de survie pour les filles d'aujourd'hui

just for
me

je bricole !

Texte : Charlotte Grossetête
Illustrations : Isabelle Maroger

SOS Beauté

Irrésistible en
un battement de cils,
belle en deux
minutes chrono !

SOS Maquillage

Édouard vient d'appeler !
Il vous attend au bas de l'immeuble dans cinq minutes !
Vous avez donc trois cents secondes
pour vous faire une beauté !

Mlle Gétoufaux

Mlle Gétoufaux fait tout à l'envers. Elle commence par la bouche et finit par la crème de jour, sur le fond de teint, évidemment ! Glamour et sexy, non ! Clown et pas très jolie, oui !

mAke up

Étape n° 1 : une belle peau et un teint de pêche tu auras

• Nettoyez vite votre peau, avec une lingette démaquillante ou du démaquillant sur un coton.

• Hydratez votre visage avec votre crème de jour habituelle. Pas d'innovation, ce n'est pas le moment de risquer une allergie, des rougeurs ou des petits boutons.

• Le fond de teint n'est à appliquer que si vous en avez l'habitude. Sinon, dans la précipitation, vous risquez les paquets et autre effet masque trop bronzé.

• Pour les néophytes en maquillage, appliquez directement de la poudre pressée (ça tombe bien, vous l'êtes aussi !).

• Du blush sur les joues pour l'effet bonne mine, sans avoir la main trop lourde sur le rose aux joues façon poupée russe.

• Et pour finir, le crayon magique ! Anti cernes, anti boutons, à appliquer sur toutes les petites imperfections !

Étape n° 2 : des yeux de biche tu dessineras

• Un peu de fard à paupières clair sur la partie mobile pour éclairer le regard. Le beige reste une valeur sûre, qui convient à toutes les couleurs d'yeux.

• Oubliez l'eye-liner et son tracé précis et artistique, à moins d'être la reine du pinceau. Vous êtes trop stressée, vous risquez de dépasser, de zigzaguer, bref, de faire des loupés. Faites plutôt confiance à votre bon vieux crayon khôl, qui, même si vous tremblez comme une feuille, vous fera un œil charbonneux tout à fait tendance.

• Du mascara enfin, qui ouvre les yeux et les rend plus grands, plus pétillants ! À appliquer de la base des cils vers le haut, du coin externe de l'œil vers le coin interne, en évitant de trop battre des cils pendant l'opération.

Étape n° 3 : une bouche à croquer tu arboreras

• Oubliez le tracé du contour des lèvres, trop soigneux et délicat. Appliquez plutôt un gloss rosé sur l'ensemble des lèvres, naturel et discret.

Étape n° 4 : un sourire tu afficheras

• Et la touche finale : je souris, je me sens belle, je suis sûre de moi ! Cela vaut tous les cosmétiques du monde !

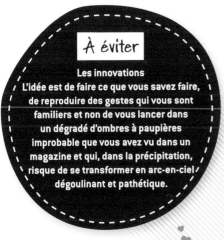

SOS Boutons

Vous voilà maquillée, mais oh misère, un vilain bouton pointe le bout de son vilain nez.
Vite vite ! Mort au bouton !
Mais avec circonspection !

Premiers réflexes

• Abstenez-vous d'écraser le coupable entre deux doigts furibonds. Moribond, il contaminerait toute la peau alentour et y fonderait une famille nombreuse avant de rendre l'âme.

• Trempez un Coton-Tige dans du produit antiseptique pour la peau ou dans un peu d'alcool. Appliquez juste sur le bouton, sans vous badigeonner tout le visage, surtout si vous êtes déjà toute maquillée !

Gestes de survie

• Attrapez au vol votre « stylo magique », un correcteur d'imperfections spécial boutons et cernes (choisi avec soin en magasin, il doit être de la même couleur que votre peau), et camouflez l'intrus sous une couche fine. Ce produit sèche le bouton tout en le dissimulant. Ni vu ni connu !

• Édouard sonne de nouveau ! Arborez votre sourire le plus chaleureux, vos yeux les plus pétillants, et courez l'accueillir. Votre joie de vivre est le plus efficace des cache-boutons !

perfection

Toute la nuit, vous avez inondé votre oreiller de vos larmes et ce matin, vos paupières ont triplé de volume. Comment faire dégonfler vos yeux d'urgence ?

SOS
Yeux gonflés

Quatre options

• Option concombre : coupez quatre rondelles de concombre, allongez-vous, et déposez-en deux sur chacune de vos paupières. Maintenez la position dix minutes.

• Option glaçons : prenez deux glaçons. Mettez-les chacun dans un sac en plastique et posez-les sur vos paupières pendant dix minutes. Faites des pauses quand vos yeux ont trop froid !

• Option camomille : préparez une tisane à la camomille. Après un refroidissement express dans le congélateur ou sur le rebord de la fenêtre (si le temps est à l'hiver comme votre cœur), imbibez un coton et massez légèrement vos paupières pendant dix minutes.

• Option eau de bleuet : massez vos paupières avec une lotion à l'eau de bleuet (disponible dans la grande distribution, pour moins de 4 euros).

Finish

• Terminez par une séance de maquillage avec produit anti-cernes, en évitant les cosmétiques gras qui peuvent accentuer le gonflement des tissus.

• Vous pouvez partir en cours avec un paquet de mouchoirs en poche, et la ferme intention de ne pas vous en servir…

• Surtout, gardez confiance en vous et dans la vie, qui vous réserve de belles promesses, même si, aujourd'hui, c'est difficile à concevoir. Haut les cœurs !

Conseil de grand-mère

Eh oui ! Le concombre ne sert pas qu'à faire des salades ! Il a des propriétés astringentes et contient une substance qui resserre les tissus dilatés.

SOS Coiffure

♥ Parfaitement maquillée, vous avez maintenant cinq minutes pour dompter votre crinière de lionne. Top chrono !

Propres ou pas propres ?

• Un coup d'œil au miroir. Vos cheveux sont propres ? Bravo, vous prenez un peu d'avance dans la course à la coiffure parfaite !

• Vos cheveux brillent, oui, mais pas de propreté… Il faut les laver dare-dare : shampoing-pon-pin, branchez le gyrophare ! Oubliez le second lavage et le démêlant.

• Hop, hop, hop, petite distraite ! Vous alliez oublier de récolter vos cheveux dans le lavabo ! Cette moisson d'une seconde évitera pourtant une crise de nerfs aux suivants, merci…

Séchage express

• Dégainez le sèche-cheveux plus vite que votre ombre. L'opération dure deux minutes ? Tant pis pour la prolongation, vous n'avez pas d'autre moyen d'éviter l'effet « sortie de piscine » ou pis « sortie du lit » !

something in the hair

Brossage tonique

• Le compte à rebours vous désespère, il ne vous reste que trente secondes ? Pas de panique, nous avons ce qu'il vous faut ! Attrapez votre brosse.

• Vos cheveux courts affichent un style « jungle » ou « champ de bataille ». Un coup de spray pour discipliner les rebiquettes, et le tour est joué. Vous pouvez sortir !

• Vos cheveux sont longs mais vous n'avez pas vraiment le temps d'inventer un chignon fantaisie ? Optez pour la coiffure « éclair ». Brossez vos cheveux vers l'arrière, tracez une raie oblique de 5 cm, suivie d'une raie perpendiculaire, et ainsi de suite jusqu'à l'obtention d'un authentique éclair qui éblouira votre amoureux. Effet coup de foudre garanti !

• Bravo ! Vous avez respecté les délais. À vos marques. Prête ? Filez ! Et avec le sourire, s'il vous plaît !

À éviter

• Les bigoudis, trop longs à mettre et à garder. En deçà d'un temps de pose de vingt minutes, ils ne servent à rien.

• Le brushing. Pas le temps, pas le temps !

• Les teintures dites « express », les mèches en deux minutes (mon œil !), le shampoing colorant prétendument « sans risques ». Il faut planifier ces expériences à l'avance !

• La coiffure tendance que vous essayez pour la première fois : crête de rockeuse, coque crêpée comme une bosse sur la tête, chignon avec pointes qui ressortent comme un hérisson. Préférez une coiffure, certes moins originale, mais pour laquelle on vous a déjà complimentée. Rien ne vaut les valeurs sûres qui vous mettent à l'aise !

Conseil de pro

Mieux vaut des cheveux propres pas très bien coiffés qu'une crinière huileuse impeccablement disciplinée. Alors, si vous ne devez faire qu'une chose avant votre rendez-vous : lavez vos cheveux !

SOS
J'ai les cheveux verts !

La couleur vous tente, mais vous n'avez pas envie de ressembler à une perruche et d'en être réduite à porter un gros bonnet de laine couvrant ! Voilà de quoi changer de couleur de cheveux sans danger !

Tout doucement...

• Commencez par les colorations douces sans oxydation, qui disparaissent après cinq à six shampoings. Les risques sont limités dans le temps et sur le moral !

• Tentez des mèches discrètes avant de retoucher l'ensemble de votre chevelure.

• Expérimentez d'abord le « ton sur ton » pour éviter des essais qui jureraient avec votre couleur naturelle (de cheveux, donc de sourcils et de teint).

• Emportez ce tableau au supermarché pour vous guider dans votre choix de coloration :

Brune	Châtain	Blonde	Rousse
Brun profond	acajou	miel doré	roux clair
Prune/violine	chocolat	cuivré	roux foncé
Auburn	roux foncé	platine	châtain cuivré

À éviter

Les cheveux colorés n'aiment pas l'eau chlorée des piscines qui les change en algues et fait virer leur couleur au vert (si si, vraiment !). Alors, éloignez-vous des bassins si vous avez décidé de vous transformer pour l'été en blonde peroxydée !

green hair!

Changement radical

• Si vous êtes absolument certaine de désirer la rousseur éclatante que les lois de la génétique vous ont injustement refusée, vous pouvez envisager la coloration permanente (qui ne s'estompe qu'avec la repousse des cheveux). Elle se pratique chez un coiffeur. Profitez-en pour demander l'avis de ce magicien des couleurs !

• Si, en dépit de nos conseils, vous avez préféré vous lancer seule (ou avec une copine aussi inexpérimentée que vous) dans une coloration permanente loin de votre couleur naturelle et que le résultat est… catastrophique, courez cette fois-ci chez votre coiffeur pour qu'il sauve ce qui peut encore l'être !

Quand le naturel corrige la nature

Pour obtenir une coloration 100 % naturelle, pensez au henné aimé des beautés orientales. Contrairement aux colorations chimiques contenant de l'ammoniaque, il ne maltraite pas les cheveux. Attention : jamais de coloration par-dessus le henné. Vous risqueriez de brûler vos cheveux et d'obtenir une couleur à faire fuir (ou rire) votre entourage !

Mlle Gétoufaux

Mlle Gétoufaux teint ses cheveux à la peinture ! C'est un peu lourd sur la tête, mais au moins, elle a exactement la couleur qu'elle désire, jaune poussin, comme sur le pot de peinture !

SOS
Je n'ai rien à me mettre !

Vous voilà maquillée comme un cœur, coiffée comme une reine, mais, misère, vous ne savez comment vous habiller ! Suivez ces conseils plutôt que de tirer vos vêtements au sort !

clothes

Cas n° 1 : vous avez rendez-vous avec votre amoureux...
• Il vous aime au naturel, c'est ainsi que vous lui avez plu. Gardez donc exactement votre look habituel, en le soignant juste avec un peu plus d'attention.

• String visible, décolleté à perdre le souffle, vêtements qui voilent sans cacher, maquillage de vampire ? Non, mille fois non ! Séduire ne veut pas dire se changer en une personne que vous n'êtes pas, et Édouard se ferait une fausse idée de vous.

Cas n° 2 : vous allez dîner au restaurant
• Soyez élégante sans en faire trop : vous n'allez pas à un mariage. Une robe simple, un joli bijou tendance, et votre présence embellira la table en toute discrétion.

• Évitez : les manches larges qui sauceraient l'assiette, les décolletés vertigineux qui hypnotiseraient le serveur, le pantalon moulant qui vous cisaillerait la taille à la fin d'un dîner copieux, les cheveux lâchés qui tremperaient dans la soupe.

Cas n° 3 : vous avez un oral, un entretien

• Laissez de côté vos vêtements rastas ou gothiques. Jupe sobre d'une longueur raisonnable ou pantalon noir feront mieux l'affaire. Votre examinateur ne vous connaît pas : il commencera par juger votre apparence avant d'écouter ce que vous avez à lui dire !

• Assortissez à ce bas sérieux un haut simple et élégant, chemisier ou tee-shirt impeccable (en éliminant votre débardeur à paillettes et sa devise « Je suis la reine du dance floor »).

• Ajoutez une veste bien coupée, ou un gilet propre et repassé.

• N'oubliez pas vos chaussures, Cendrillon ! Escarpins plats ou à petits talons. Exit les baskets, tout comme les talons aiguilles interminables… qui vous feraient tricoter des pieds !

À éviter

• Les vêtements déjà portés, même une demi-journée. Les effluves corporels ont un charme limité. Choisissez une tenue absolument propre !

• Un parfum entêtant et capiteux. Vous risquez d'indisposer tous ceux qui vous entourent !

• Un rouge à lèvres vermillon et collant : il risque de laisser des traces sur votre verre au restaurant ou sur la douce bouche d'un amoureux qui n'en demandait pas tant !

Les petites touches qui font la différence

Un maquillage discret, un parfum délicat, un collier assorti à la tenue, une écharpe qui accroche le regard. Et en partant, assurez-vous que vous n'avez pas pris votre vieux sac de sport préféré, celui qui sent bon les vestiaires. Pour l'occasion, remplacez-le par un « sac de fille » !

SOS
Talon cassé
et autres petits tracas

La vie des filles serait (presque) un long fleuve tranquille sans les collants qui filent, les talons qui cassent, et autres menues contrariétés.
Aux petits maux, rusés remèdes !

Mouchez-vous !

Si votre nez commence à couler :
• Ne vous essuyez pas avec votre manche comme un cow-boy.
• Ne reniflez pas bruyamment
• Ne vous mouchez pas en vous bouchant une narine et en soufflant très fort pour faire envoyer le contenu de l'autre narine directement par terre, comme un coureur de marathon.
• Sortez un mouchoir, soufflez dedans efficacement et assez discrètement, rangez votre mouchoir. Facile, non !
• Si vous n'avez pas de mouchoir, taxez votre entourage ou dénichez de l'essuie-tout dans une cuisine.

Talon cassé

Clac ! Au milieu d'un tango endiablé avec Édouard, un fracas de mauvais augure retentit sous votre chaussure. Vous voilà claudicante et fulminante. Diagnostic : talon cassé !
• Attendez le prochain slow langoureux et tentez le style « déhanché »... Non, c'est une blague !
• Déchaussez-vous prestement et finissez le tango pieds nus. Urgence, on danse : une danse perdue ne se retrouve plus... Et Édouard, forcément bon cavalier, n'est pas du genre à écrabouiller vos orteils sans défense !
• Et si vous êtes rock'n roll, cassez l'autre talon, et vous vous retrouverez en ballerines !

Oups !

Collant filé

Vous jouez de malchance ! Alors que vous dansiez sans chaussures, votre collant s'est accroché dans une aspérité du parquet. Résultat, il est filé… Votre moral, heureusement, ne l'est pas. Car vous connaissez la solution.

• Demandez à votre copine son vernis à ongles (transparent de préférence mais, au point où vous en êtes, le mauve à paillettes fera aussi l'affaire).

• Badigeonnez toutes les extrémités de l'accroc. Le collant cimenté ne filera pas plus haut.

• Si votre copine n'a pas de vernis, prenez son Tipp-Ex®, celui que vous lui empruntez en classe pour corriger vos équations. Efficacité garantie même si, esthétiquement, les pois blancs laissent à désirer !

• Enfin, si vous n'avez pas de vernis ni de Tipp-Ex® sous la main, utilisez la bonne vieille méthode du coloriage de jambe au stylo noir ! Rusé !

T'as une tache, pistache !

En dansant furieusement avec Édouard, vous avez heurté Grégoire et son verre de jus de raisin qui ont arrosé votre tee-shirt immaculé de belles gouttelettes rouges. Aïe !

• Vous pouvez courir à la salle de bains pour faire disparaître les intruses à l'eau chaude et au savon. En croisant les doigts (tout en frottant, ce n'est pas facile !) pour que ça marche.

• Ou changer de tee-shirt si la propriétaire des lieux vous ouvre l'accès à son dressing.

• Ou cacher la misère en enfilant un gilet sur votre tee.shirt taché, même si c'est l'été !

• Et pour éradiquer définitivement ces maudites taches une fois rentrée à la maison, rendez vous page 132 !

Manucure

Zut, vous vous êtes cassé un ongle. Pas de panique !

• Si vous avez du vernis à ongles durcisseur, passez-en à l'endroit de la cassure.

• Si vous avez une lime, vous la passez sur l'ongle cassé pour arrondir la cassure.

• Si vous avez des ciseaux ou un coupe-ongles, vous coupez net à l'endroit en amont de la cassure (sans vous couper le doigt, de grâce !).

• Si vous n'avez rien de tout cela, attendez d'être rentrée chez vous plutôt que de vous ronger l'ongle n'importe comment, ce qui est toujours très disgracieux pour une jeune fille de votre classe !

37

SOS Raplapla

Une heure avant de partir en soirée, vous vous sentez l'énergie d'un pneu dégonflé. Quelques conseils pour sonner le rappel de votre peps en déroute !

Retour de flamme

• Vite au lit pour une micro sieste ! Dix minutes de repos s'imposent pour ouvrir des yeux neufs sur le monde.

• Une fois réveillée, noyez votre fatigue sous une bonne douche. Rien de tel que l'eau claire pour rendre les idées claires…

• Évitez le café serré (à 3 heures du matin, vous regretteriez cet excès), mais offrez-vous une orange pressée bourrée de vitamines.

Psycholog-hic !

• Et si ce manque de tonus venait d'une angoisse devant la soirée ? Quand l'esprit doute, le corps subit ! Appelez votre bon sens à la rescousse : je ne serai pas la moins belle de la soirée, je sais sourire, plaire et bavarder. Zen, tout va bien se passer !

gym tonic

• À moins que vous ne trembliez de peur à l'idée de croiser Édouard à cette fête et de vous transformer en tomate cramoisie face à lui. Respirez ! Vous êtes jolie à ravir, vous savez danser, il n'aura d'yeux que pour vous !

• Et si votre morosité est plus diffuse et plus vaste, chassez-la et dites-vous qu'une soirée est faite précisément pour cela : chasser tous les soucis et se vider la tête !

Préparatifs

• Passez une jolie tenue dans laquelle vous vous sentez bien, colorée de préférence, pour faire la peau aux idées noires !

• Maquillez-vous en pensant à l'anti cernes, petite touche de magie qui balaie les traces de la fatigue sur votre visage. Les meilleurs détectives de la soirée n'y verront que du feu !

• Allez-y, on vous attend. Sans vous, la fête serait moins belle. Souriez, votre arrivée est espérée !

Conseil de pro

Si vos baisses de forme sont récurrentes, n'hésitez pas à adopter une hygiène de vie plus saine pour les faire disparaître :

• Faites du sport régulièrement.

• Si vous n'êtes pas sportive, marchez autant que vous le pouvez.

• Mangez équilibré, sans sauter de repas. Une alimentation variée fournit du carburant à votre petite voiture corporelle.

• Écoutez votre corps : quand il vous envoie des signaux de fatigue, donnez-lui un peu de repos.

• Si votre fatigue ne passe pas, consultez un médecin qui pourra vous prescrire une cure de vitamines et de magnésium.

SOS Poils

Vos copines vous appellent pour aller à la piscine.
Oups ! Vous avez cinq minutes pour débroussailler mollets,
aisselles et maillot. Tout doit disparaître !

Choix des armes

• Oubliez la cire, ce sera pour une autre fois.

• Vous pouvez vous jeter sur votre crème dépilatoire si vous en maîtrisez l'usage. Si ce n'est pas le cas, vous manqueriez de temps pour décortiquer le mode d'emploi, les contre-indications, les risques d'allergie et autres règles de l'art.

• Le rasoir est la plus rapide des solutions. Pas celui de votre père, n'est-ce pas ! Le rasoir est comme la brosse à dents, il ne se prête pas !

• Donc, saisissez votre rasoir, celui que vous avez acheté pour les urgences comme celle-ci. Par le manche, pas par la lame, de grâce, nous ne sommes pas dans un film gore !

Rasoir mode d'emploi

• Savonnez-vous les jambes, le maillot, les aisselles. Sans lésiner ! Cela doit mousser ! Sinon, dans le meilleur des cas, votre peau irritée flamboiera en plaques rouges. Dans le pire des cas, vous n'aurez plus qu'à dérouler le sparadrap…

- Passez le rasoir à rebrousse-poil : de bas en haut sur les jambes et le maillot, de haut en bas sur les aisselles.
- Rincez bien. Vérifiez que vous n'avez pas laissé une bande de poils très peu élégante.
- Séchez.

Après-rasage

- Un p'tit coup de propre dans la douche pour en enlever les poils : pas de cadeaux aux suivants !
- Un p'tit coup de crème hydratante pour apaiser la peau et en apprécier la douceur…
- Et maintenant, filez choisir votre maillot de bain !

Conseil de pro

Les bandes de cire prêtes à l'emploi sont aussi très efficaces et offrent un résultat qui dure bien plus longtemps que celui du rasoir. Si vous avez peur de les utiliser chez vous, prenez rendez-vous pour votre première épilation chez une esthéticienne, regardez attentivement comment elle procède, vous serez prête ensuite à l'imiter !

Rasoir, oui mais...

Le rasoir est une solution d'urgence. Il est toujours préférable d'utiliser un épilateur électrique ou de la cire, qui arrachent le poil à la racine plutôt que de le couper ras et qu'il repousse plus dru !

SOS Bricolage

Reine du marteau et de la perceuse
(et pas seulement le dimanche !)
en deux minutes chrono !

Savez-vous planter les choux, euh non, les clous ? Pas encore ?
Eh bien, ça ne saurait tarder. Suivez le Manuel...
et vous ne serez pas obligée d'appeler SOS Médecins !

Hammer

Le clou

• Une fois choisi l'emplacement où vous allez sévir, posez le clou dessus. Tenez-le par la base, entre le pouce et l'index, avec votre main la moins forte. S'il est très fin, faites-le passer dans une feuille de papier que vous tiendrez collée au mur. Pourquoi ? Vous allez voir, curieuse !

• Attention : le clou doit être légèrement en pente, la tête en haut. Cette inclinaison lui permettra de mieux soutenir le poids du cadre.

• Votre autre main attrape le marteau (par l'extrémité du manche, pour décupler la force de frappe), donne un premier coup léger pour enfoncer la pointe du clou, et des coups plus affirmés ensuite.

Le marteau

• Arrive le moment critique où vos doigts vont se retrouver en grand danger d'être battus... Non, car vous avez tout prévu ! Lâchez le clou (en vous assurant qu'il tient quand même un peu dans le mur !) et tenez la feuille de papier par son extrémité. Rusé !

• Continuez à marteler jusqu'à ce que le clou soit enfoncé... jusqu'au cou.

• Ôtez la feuille.

Votre marraine débarque dans dix minutes. Oups ! Vous n'avez toujours pas accroché au mur le cadre qu'elle vous a offert pour Noël. Vite, on répare la gaffe !

SOS Cadre

Le clou du spectacle

• Choisissez la taille du clou. Ne prenez pas le Petit Poucet de la boîte à outils pour un cadre de 3 mètres sur 2… Ni le pieu de service pour un porte-photo miniature.

• Il s'agit maintenant de choisir l'emplacement, mais vous ne pouvez pas à la fois tenir le cadre et prendre le recul nécessaire pour juger. Alors…

• … demandez de l'aide à votre sœur (pas celle de 5 ans, qui risque d'avoir une mauvaise appréciation de la hauteur du mur). À ce niveau, ça fait bien ?

Attention, piège !

• Examinez le dos du cadre. Surprise ! Il y a des trous pour deux clous ! Dans cette situation critique, un mètre vous sera plus utile qu'un accès de panique.

• Mesurez l'écartement des trous. Marquez au crayon sur le mur les emplacements pour les clous. Vérifiez qu'ils sont à la même hauteur, sait-on jamais !

• Plantez, accrochez, respirez : ouf, ça rentre ! Maintenant, si votre marraine arrive avec un autre cadre, il en faudra plus pour vous embarrasser !

Mlle Gétoufaux

Mlle Gétoufaux bricole seule, car plus personne ne veut assister à ses séances de bricolage dangereuses. Du coup, elle couvre ses murs de clous façon fakir et ajoute des cadres n'importe comment, au fur et à mesure. Et sa sœur, dans la chambre d'à côté, fait de même pour cacher les clous qui ont transpercé la cloison !

SOS
Vis à visser

Pour la première fois, vous voici vis-à-vis avec une vis à visser. Conseils pour y parvenir sans tourner au rouge écrevisse, ni accuser votre tournevis de tous les vices, bref pour visser une vis sans vicissitude !

Pour Noël, je voudrais...

Paresseuses invétérées ou pasionarias du vissage en série, pensez à la visseuse, un tournevis à moteur qui fait tout le travail. Abraca-davroum ! La vis s'enfonce comme dans du beurre, même si on ne lui a pas ménagé de trou. Facile !

Plat ou cruciforme

• Il existe des tournevis de toutes les épaisseurs. En bricoleuse avisée (avissée, ouarf !), adaptez la pointe de votre arme à l'encoche de votre vis.

• Mais POURQUOI mon tournevis ne rentre toujours pas dans la vis ? Vous avez pris un tournevis cruciforme pour une vis à encoche simple, ouh !

Check-up

• Vérifiez que les éléments à arrimer avec la fameuse vis sont correctement alignés.

• Votre vis convient-elle bien au trou dans lequel elle doit s'enfoncer (largeur, profondeur) ?

Go !

• Alors, allez-y ! Commencez par maintenir la vis entre votre pouce et votre index et vissez à la main avec votre tournevis.

• Quand votre pouce crie pouce, dégagez-le et donnez les ultimes tours qui rendront la vis indévissable (et presque « invissible »).

• Vérifiez, en les secouant un peu, que les éléments ainsi fixés sont mariés à la vie, à la mort !

Conseil de pro

Les vis tournent toujours dans le mêm sens depuis des temps immémoriaux. C les visse dans le sens des aiguilles d'ur montre (qui ne change jamais non plus et on les dévisse dans le sens inverse bravo !

SOS
Meuble en kit

Vous avez insisté dans le magasin de meubles pour avoir cette jolie commode.

Mais il y a un hic : on vous la livre en kit.

Fière comme Artabane, vous décidez de la monter seule ! À vous deux, maintenant !

Tabula rasa

- D'abord, faites place nette sur la moquette.
- Dans une chambre où ne traîne plus un seul CD (ni un seul guide « 100 % filles »), étalez le kit et examinez froidement son anatomie.
- Penchez-vous sur les instructions de montage. Inutile d'avoir un diplôme bac +10 pour les comprendre : elles sont aussi lisibles qu'un magazine people. Préférez tout de même la version française du guide de montage !

De la discipline !

- Suivez les étapes dans l'ordre, sans commencer par la n° 5 qui semble être la plus facile.
- Attention, les éléments du kit ont un sens. Restez concentrée comme un Sioux sur le sentier de la guerre pour ne pas monter des planches à l'envers.
- Si la construction vire à la tour de Pise, mettez votre orgueil dans votre poche et appelez à l'aide. Mieux vaut un meuble fonctionnel construit à deux qu'une commode penchée qui ne servira qu'à décorer, et encore, votre chambre !

Les zoutils zutiles

Vis, chevilles, boulons sont fournis avec le meuble. En revanche, prévoyez un tournevis (standard, parfois cruciforme), éventuellement une pince, un marteau et de l'huile de coude, bien sûr !

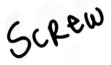

SOS Perceuse

Voyant comme vous avez peiné pour visser votre meuble en kit, votre père vous offre (et s'offre par la même occasion !) une perceuse pour votre anniversaire.

Big hole

La bonne mèche

• Choisissez la mèche selon la cloison à percer. Il existe des mèches à bois, à verre, des forets à métaux, des forets à béton qui servent aussi pour la pierre et le carrelage.

• Choisissez la taille de la mèche. Pour percer un trou large dans un matériau dur, commencez par une mèche fine, puis augmentez en plusieurs fois son diamètre.

Assemblage

• Fixez solidement la mèche sur le mandrin (l'embout de la perceuse). Vous vérifierez éventuellement le serrage après quelques secondes de perçage.

• Marquez l'endroit à percer.

Choix du mur

• Considérez avec circonspection le mur dans lequel vous allez faire un trou : est-il en bois, en plâtre ou en béton armé ?

• Tapez dessus avec votre main en cas de doute pour vérifier. Au son, vous reconnaîtrez le matériau.

• Dans le cas d'un béton armé, baissez les armes, justement, et remballez votre perceuse : elle supporterait très mal la confrontation !

• Dans le cas du bois, un tournevis suffira !

Ruses de Sioux

• Pour être sûre de percer droit, enfilez une rondelle au milieu de la mèche. La rondelle doit rester stable pendant le perçage. Si elle glisse vers le mur, baissez la perceuse ; si elle glisse vers la perceuse, redressez celle-ci.

• N'oubliez pas d'enfoncer une cheville dans le trou, vous auriez du mal à accrocher quoi que ce soit sans elle !

Conseil de pro

Adaptez la vitesse de perçage au matériau et au diamètre de la mèche :
• 3 000 tours/minute pour un trou de 5-6 mm dans du bois tendre.
• 1 200 tours/minute pour un trou de 12-15 mm dans du bois dur.
• 1 000 tours/minute pour du béton ou de l'acier.

Mlle Gétoufaux

Ayant reçu en cadeau une perceuse à percussion, Mlle Gétoufaux s'est inscrite à des cours de musique. Le prof de batterie a été surpris de la voir débarquer avec son instrument ! Non, miss, cette perceuse n'est pas le fleuron d'un orchestre. En tournant, sa mèche effectue juste un mouvement de va-et-vient pour percer le mur !

La chevillette ne cherra pas

Une cheville, ce n'est pas seulement la fine attache entre votre jambe et votre joli pied. C'est aussi un petit tube en plastique, avec un pas de vis à l'intérieur, qui permet de fixer une vis dans un mur, et qu'elle y reste !

SOS Ampoule

Dans dix minutes, départ pour le lycée !
C'est l'hiver, il fait encore nuit, et vous n'êtes toujours pas habillée.
Un éclair répond à votre hâte, l'ampoule de votre chambre a trépassé.
Voici comment ranimer la fée Électricité en trente secondes.

À éviter

- Les chaises douteuses, fauteuils pliants ou tabourets à vis pour « gagner du temps » quand vous voulez atteindre une ampoule haut placée.
- Allez donc chercher l'escabeau !

Electric

Attention !

- Éteignez l'interrupteur que vous avez allumé.
- Assurez-vous que vos mains sont aussi sèches que les chaussettes de l'archiduchesse (eau + électricité = mariage explosif).

Frappe chirurgicale

- Ôtez l'ampoule de son support. Attention : si elle brillait depuis quelque temps, prenez un gant de cuisine pour ne pas vous brûler.
- Comment ? En la dévissant si elle a un culot à vis, en la déboîtant de sa charnière si elle a un culot à baïonnette.

Voltage

- Allez chercher sa jumelle dans les réserves de vos parents : même forme et surtout même mesure en watts (voir sur le verre de l'ampoule). Si vous remplacez une 60 watts par une 100 watts, la puissance de l'éclairage risque de brûler l'abat-jour, et vous vous exposez à un nouveau claquage dans les plus brefs délais !
- Insérez l'ampoule neuve dans son support.
- Voilà, choisissez vos vêtements et courez au lycée !

Vous avez invité des amies pour la soirée pyjama du siècle. Soudain, le four s'éteint (votre pizza est encore congelée). Les lampes et le frigo l'imitent. Le disjoncteur pète un fusible !

SOS Disjoncteur

Disjoncteur, je te cherche !

• Tâtonnez vers le disjoncteur. C'est lui qui coupe l'électricité en cas de danger pour éviter les courts-circuits et les incendies qui peuvent en découler.

• Où est-il ? Logiquement, à côté de l'interrupteur général de la maison. C'est un panneau qui s'ouvre comme un placard.

Disjoncteur, je t'ai trouvé !

• À l'intérieur, vous voyez des rangées de manettes et un gros bouton gris. Quand tout fonctionne bien, ces manettes sont orientées vers le haut. Chacune correspond à un lieu ; vos parents ont sans doute indiqué les légendes (chambre de Zoé, salon, cuisine…).

• Si vous repérez une ou plusieurs manettes orientées vers le bas, vous saurez d'où vient le problème. C'est bien la cuisine ? Allez l'inspecter à la lampe de poche.

• Si vous trouvez quelque chose de louche (comme une multi-prise baignant dans l'eau de la cafetière), débranchez l'appareil et essayez de remonter la manette du disjoncteur. Appuyez ensuite sur le gros bouton gris.

• Si ça marche, tant mieux. Si la manette revient en position basse, c'est que le fusible a fondu (le danger était trop grand). Dans ce cas…

• Oubliez le plateau-pizza. Heureusement, il vous reste l'option plateau de fromages. Vos parents remplaceront le fusible à leur retour !

Trop c'est trop !

Si vous utilisez à la fois la cuisinière, les machines à laver, le micro-ondes, tandis que votre frère a allumé toutes les lampes halogènes pour passer l'aspirateur, et que votre sœur coiffe sa crinière de princesse viking en faisant haleter d'épuisement le sèche-cheveux, le disjoncteur surmené va tout éteindre ! Ne faites donc pas fonctionner en même temps les appareils les plus consommateurs de la maison.

SOS Peinture

Vous voulez repeindre un mur de votre chambre.
Mais comme vous n'avez jamais tâté du pinceau, sauf à l'école maternelle, vous ne savez pas par quel bout commencer.
Eh bien, par le commencement !

Place nette

• Videz votre chambre de tous les objets que vous pouvez déménager. Pour le lit, l'armoire, la bibliothèque, couvrez-les de grands draps qui ne craignent rien, en décollant tout de même les meubles des murs que vous souhaitez peindre.

• Protégez le sol avec un vieux drap ou une bâche en plastique que vous fixerez avec du ruban adhésif.

• Collez du ruban adhésif spécial repositionnable de type Tesa Crep®, sur les rebords des fenêtres et autres zones à éviter, comme le haut des plinthes. Si vous débordez, vos coups de pinceau râtés peindront le ruban adhésif et non les vitres. Malin !

Place propre

• Décrochez les rideaux, les cadres, enlevez les clous, bouchez les trous à l'enduit de bouchage avec une spatule.

• Lessivez le mur avec de la lessive adaptée à cet usage (ne prenez pas le premier flacon « laine et textiles délicats » qui vous tombe sous la main !).

artistic

Une chose après l'autre...

- Respectez l'ordre suivant : d'abord le plafond, puis les murs, puis les détails (tours de portes et de fenêtres). Si vous peignez le plafond en dernier, la peinture peut couler sur les murs déjà peints et là, catastrophe !
- Peignez d'abord le gros de la surface au rouleau. Utilisez un pinceau pour les zones plus délicates (le long des fenêtres ou du plafond, les angles des murs, les bordures de plinthe).
- Si c'est justement le plafond que vous peignez, choisissez un escabeau haut et stable ; protégez vos cheveux avec un fichu à la russe et vos vêtements avec un bleu de travail.
- N'oubliez pas d'aérer pour évacuer les odeurs et permettre un séchage plus rapide (d'où l'intérêt de peindre par temps chaud et sec).

Mlle Gétoufaux

Mlle Gétoufaux pense que la peinture est avant tout une activité artistique où elle peut déployer sa créativité. Elle commence par les murs roses, au pinceau c'est plus fun, avec des grandes arabesques, où l'on voit bien le mouvement du pinceau, c'est mieux, puis finit par le plafond au rouleau, histoire de maculer ses meubles et ses murs de petites projections et dégoulinades créatives. C'est une artiste, cette Mlle Gétoufaux !

Conseils de pro

- Pourquoi vous compliquer la vie : préférez une peinture monocouche. Si la teinte de vos rêves n'existe pas dans cette gamme, achetez de la peinture d'apprêt blanche (à mettre avant, même si elle porte le nom trompeur d' « apprêt ») et un pot de la couleur que vous souhaitez. Et respectez le temps de séchage entre les deux applications !
- Un mur sang-de-bœuf vous taperait vite sur les nerfs, tout comme un mur vert forêt dans une chambre exposée plein nord ! Optez plutôt pour des couleurs lumineuses (blanc, jaune pastel, rose pâle) du genre dont on ne se lasse pas.
- Prévoyez une quantité suffisante au premier achat, surtout pour des couleurs pas très standards : vous seriez déçue que le magasin soit en rupture de stock à la moitié de votre travail...

SOS
Baignoire bouchée

La baignoire boit sans hâte l'eau de votre douche. Diagnostic : vos cheveux dans le siphon, mélangés au savon, ont causé une sérieuse indigestion ! Retroussez vos manches et...

D'abord...
• Fermez le bouchon d'évacuation.
• Remplissez la baignoire jusqu'à un niveau d'au moins 10 cm (le poids de l'eau doit faire pression sur le siphon).

... Ensuite
• Prenez la ventouse à déboucher les éviers (vous savez ? Cette bonne vieille cloche en caoutchouc surmontée d'un manche).
• Posez-la sur le bouchon d'évacuation en vérifiant qu'elle adhère bien au fond de la baignoire.
• Enfoncez énergiquement et de bas en haut le manche de la ventouse. Vous allez entendre de drôles de bruits…
• À mesure que vous actionnez la ventouse, les bouchons qui obstruaient le siphon vont remonter à la surface. Bonne pêche, et direction poubelle !

... Enfin
• Continuez la manœuvre jusqu'à ce que la baignoire se vide à un rythme normal.

Débouchage au bazooka
Si la ventouse ne suffit pas, employez un produit chimique pour anéantir les derniers bouchons. Mais gare aux abus : ces armes de guerre rongent aussi la tuyauterie ! Veillez à porter des gants (pas vos jolies moufles de ski) et suivez bien le mode d'emploi (dosage, temps d'action, rinçage). À n'utilisez en aucun cas sur une tuyauterie en plomb et à ne pas pas laisser à la portée des enfants !

too much water

Vous rentrez de cours avec l'intention de savourer un bon goûter.
Mais, sur le sol de la cuisine, une flaque vous avertit d'une grosse fuite d'eau. Premiers réflexes !

SOS
Fuite d'eau

À la source

• Essayez de savoir d'où vient la fuite. Si c'est votre sœur qui s'est endormie dans son bain en laissant le robinet de la baignoire ouvert, fermez-le.

• Si vous ne parvenez pas à localiser l'origine de la fuite, coupez l'alimentation générale en eau (une manette qui se trouve… où ? N'attendez pas un cas d'urgence pour le demander à vos parents ! À la cave, dans le jardin, parfois en bas de l'immeuble : le concierge le sait certainement !).

• Coupez aussi l'alimentation en électricité. Si c'est une machine qui a fui, n'oubliez pas que l'eau se fait un plaisir de transmettre le courant électrique. Ne vous faites pas électrocuter !

On coule !

• Prévenez vos parents, même s'ils sont encore au travail. Ils vous demanderont peut-être d'appeler immédiatement un dépanneur.

• Sortez seaux et serpillières. Écopez avec l'énergie d'un matelot qui vide sa barque en pleine tempête…

• Vous pouvez enfin goûter, vous l'avez mérité !

Ploc, ploc

Un robinet qui fuit au goutte à goutte ? Vous croyez que ce n'est rien mais rappelez-vous, les petits cours d'eau font les grandes rivières et bientôt, ce petit ploc, ploc formera une grande mare aux canards ! Prévenez donc vos parents de la moindre fuite dans la maison !

FATAL ERROR

Vous tapez votre exposé que vous devez rendre demain
et là, enfer, votre écran d'ordinateur
devient noir comme un corbeau ! Pas de panique !
L'intendance informatique du *Manuel* est là pour vous aider !

Périphériques

Votre imprimante ne répond plus, votre scanner fait le mort? Vérifiez d'abord les branchements. Il est aussi possible qu'une fausse manipulation ou pire, qu'un virus, ait effacé des fichiers essentiels à une bonne entente entre un périphérique et l'ordinateur. Une réinstallation des pilotes (sur les CD fournis avec l'appareil récalcitrant) peut vous permettre de retrouver le sourire.

Branché !

• Vérifiez tout d'abord que ce n'est pas le disjoncteur de la maison qui a sauté parce que votre sœur a versé de l'eau dans le grille-pain. Si tout est noir partout, remettez la manette du disjoncteur en position haute (voir p.51). Si tout est éclairé sauf votre ordinateur, faites face à la bête.

• Vérifiez que votre ordinateur est branché. Si cela se trouve, vous vous êtes pris les pieds dans le fil et avez débranché votre machine sans le faire exprès.

• S'il est branché à une multiprise, assurez-vous qu'elle est allumée. Ce type de prise est souvent munie d'un bouton lumineux on/off qui la fait fonctionner. Remettez sur la position allumée.

• Vérifiez que le câble reliant votre ordinateur à votre écran est bien connecté.

Computer

Clavier

• Vérifiez que vous n'avez aucun livre, ni dictionnaire, ni classeur, ni pochette qui appuie sur votre clavier sans que vous vous en rendiez compte.

• N'avez-vous pas malencontreusement renversé votre café sur votre clavier ? Dans ce cas, éteignez votre ordinateur, passez un chiffon entre les touches de votre clavier pour éponger le liquide et rebranchez le clavier. Avec un peu de chance, il aura oublié son petit bain. Sinon, direction le réparateur !

Rebooter

• Il est possible qu'une application (comme Word si vous écrivez un texte, ou Excel si vous faites un tableau) bogue. Dans ce cas, quittez l'application (après avoir enregistré votre travail) et réouvrez-la. Vos problèmes disparaîtront peut-être comme par magie.

• Vous pouvez aussi rebooter votre ordinateur, l'éteindre un peu sauvagement (bouton sur la tour ou carrément à la prise) et le rallumer. Il risque de prendre un peu de temps pour se remettre de ses émotions mais ça peut marcher. À utiliser en dernier recours, les disques durs n'aiment pas cela...

Réseau

• Un rendez-vous sur MSN et bing, plus de réseau. Avant de pester contre votre installation, assurez-vous que votre « box » est bien connectée au réseau. Votre fournisseur d'accès peut rencontrer des problèmes de son côté et dans ce cas, patience...

• Sinon, vérifiez vos mots de passe de connexion, et le bon fonctionnement de vos périphériques réseau. Parfois le réseau est disponible mais certains sites sont inaccessibles, car vous n'avez pas les applications adéquates.

• Il se peut enfin qu'un mur de feu (« firewall ») filtre avec un peu trop de zèle vos échanges. Ne l'éteignez pas, mais passez-le en mode moins paranoïaque.

• Et si en dépit de tous ces conseils, votre ordinateur ne marche toujours pas, appelez la *hot-line* ou le réparateur !

Entretien

• Mieux vaut prévenir que guérir. Utilisez un « firewall ».

• Régulièrement, faites un « check-up » et scannez votre ordinateur avec un anti-virus.

• N'ouvrez pas les pièces jointes reçues d'une personne inconnue ou parvenue par une « chaîne ».

• Assurez-vous que votre disque n'est pas trop plein, cela pourrait ralentir sérieusement votre ordinateur.

• Pour la même raison, fermez les applications dont vous ne vous servez pas, elles occupent de la mémoire.

MAC ou PC ?

• Mac : Nom générique pour les ordinateurs arborant une pomme sur leur coque, leur clavier, leur écran.

• PC : Ordinateur dépourvu de pomme !

57

SOS École

Devenir la première de la classe en deux minutes chrono !

SOS
Mémoire passoire

Vous avez un contrôle demain, et l'impression (illusoire) que votre mémoire ressemble à un morceau de gruyère. Petits trucs pour fixer les connaissances dans votre cervelle prétendument défaillante…

Vous avez une mémoire visuelle

Vous retenez mieux les choses que vous voyez, alors que les paroles de vos professeurs vous entrent dans une oreille pour sortir par l'autre…

• Posez-vous derrière votre table de travail.

• Reprenez vos notes.

• Surlignez les informations clés (en utilisant des couleurs différentes en fonction de l'importance des données).

• N'hésitez pas à faire des croquis pour « dessiner » les leçons, et fixez-y toute votre attention.

• Allez examiner sur Internet des illustrations, des schémas, des portraits en rapport avec le thème du cours.

• Et maintenant, au dodo ! Le sommeil achèvera d'imprimer dans votre mémoire les informations sur lesquelles vos yeux et votre intelligence se sont concentrés.

Remember

Vous avez une mémoire auditive

Pour capter les leçons, vos oreilles enregistreuses sont plus efficaces que vos yeux : info écoutée, info restituée !

• Invitez une amie pour une « soirée pyjama-révisions » et lisez-vous les leçons en y mettant le ton. Soulignez les données principales par des effets de voix.

• Interrogez-vous mutuellement, répétez deux ou trois fois.

• Au lit, et à une heure raisonnable, s'il vous plaît ! La nuit, le cerveau finit de graver les informations entendues. Laissez travailler votre disque dur pour vous… et faites de beaux rêves.

Vous n'avez pas de mémoire du tout

Pardon ? Ce n'est tout simplement pas possible !

• Le numéro de portable d'Édouard est bien gravé dans votre tête ? Ainsi que le fixe de ses parents ? Et de ses grands-parents ? Et même ceux de tous ses meilleurs amis ? Alors vous voyez que vous savez retenir des choses quand vous les jugez importantes ! Eh bien, les identités remarquables, le théorème de Thalès, les verbes irréguliers anglais, les déclinaisons latines, les dates clés de l'Histoire de France, c'est important aussi !

Le secret du succès

Quel que soit votre mode de mémorisation, votre réussite repose sur le travail : prenez le temps d'apprendre. Ne révisez pas entre la poire et le dessert, ou entre les publicités et votre émission adorée. Acceptez de passer du temps à votre bureau, sans musique à écouter, ni magazine à feuilleter, ni *Dico des Filles* à bouquiner !

SOS Interro

Le prof distribue les sujets d'interro. À ce moment fatal, la blancheur de votre cop déteint sur vous : c'est le blanc dans votre têt sur vos joues... la panique, quoi ! Vous tremblez comme une feuille à demi-morte. Que faire, docteur ?

Relax !

• Prenez trente secondes pour respirer à fond, bien calée sur le dossier de votre chaise, les yeux fermés, les muscles détendus, avant de lire l'énoncé.

• Dites-vous que votre vie n'est pas en jeu. Zen ! On relativise !

• Lisez le sujet lentement jusqu'à la fin sans penser : « J'y comprends rien, j'y comprends vraiment rien. » L'énoncé est cohérent : sa précision va réveiller celle de votre raison.

À l'attaque !

• Jetez sur brouillon les idées qui vous viennent à la lecture de l'énoncé : règles, dates que vous connaissez, réponses à développer, éléments à ne pas oublier…

• Une fois que votre brouillon est assez étoffé, passez à la copie propre. Vos idées sont en place et votre pensée a retrouvé sa clarté… Si, si, lancez-vous sans peur !

• N'oubliez pas de regarder votre montre et de faire avancer vos travaux en fonction du minutage.

SOS granules !

Vous êtes du genre à paniquer au point que votre main ne parvient plus à faire avancer le stylo ? Il existe des granules homéopathiques pour remédier à cette tétanie des muscles. Renseignez-vous en pharmacie. Mais cela ne vous dispense pas d'un travail mental pour maîtriser ce stress envahissant !

you're the best !

« Soignez la présentation », pestent les professeurs qui doivent déchiffrer 35 exemplaires de pattes de mouche ! Voici quelques trucs pour être bien lue et bien notée !

Stylo

• Utilisez un stylo qui écrit bien : adieu les pointes trop fines, mort aux marqueurs trop épais, et les encres turquoise, bleu pâle et autre rose pailleté, on les réserve à ses carnets secrets !

Écriture

• Nom, prénom, classe, date, énoncé… Ces informations « de routine » méritent d'être écrites avec une clarté sans cesse renouvelée ! Et n'oubliez pas la marge élargie à réserver au professeur pour ses annotations (admiratives).

• Écrivez li-si-ble-ment ! Les lignes ne doivent pas se chevaucher, ni les mots s'entrechoquer, ni le prof s'arracher les yeux.

• I fo pa utilisé la fonetic SMS é cé abrev pratic ! Écrivez en français, ou le professeur, même passionné de Cicéron, en perdra son latin (et vous, tout espoir de bonne note).

De l'espace

• Aérez votre copie, non pas en la ventilant dans la classe, mais en sautant des lignes entre l'introduction, les paragraphes et la conclusion, ou pour marquer le déroulement d'un exercice de mathématiques.

SOS Mauvais carnet

Le conseil de classe a sévi, et vous voilà gratifiée d'un bulletin accablant. Petits conseils diplomatiques pour faire avaler ce mauvais carnet indigeste à vos parents, en évitant la guerre atomique !

Pour faire mieux la prochaine fois !

• Cherchez la faille (manque de travail, mauvaise compréhension, coup de fatigue, événement affectif difficile) et agissez en conséquence. Remettez-vous au travail et essayez d'oublier le bel Édouard un temps !

• Renseignez-vous sur les cours bénévoles de soutien qui pourraient exister près de chez vous (centre social, associations).

• Parlez-en à vos professeurs : ils sont bien placés pour orienter vos efforts et vous encourager.

Évitez

• Les mensonges rocambolesques (« Le ministre de l'Éducation nationale a supprimé définitivement les bulletins scolaires ! »).

• Les signatures de faussaire, jamais parfaitement imitées.

• Le « 2 » ajouté devant le « 0 » (l'appréciation risque de jurer avec la note).

• Le discours anti-profs (« Je te jure, maman, tous ces imbéciles de profs me détestent et ils sont jaloux de mon génie »).

• Le recours aux lois de l'hérédité (« Toi aussi tu étais un cancre à mon âge, papa »).

• L'indifférence affichée (« J'en ai rien à faire, l'école ça sert à rien »), le fatalisme (« De toute façon, je suis nulle, jamais je n'aurai une note correcte ! »).

Comment s'y prendre ?

• Choisir un moment où vos parents sont détendus (plutôt qu'après une dispute).

• Annoncer la catastrophe pour désamorcer toute réaction de colère (« J'ai une mauvaise nouvelle… un papier qui ne va pas vous faire plaisir… et j'en suis désolée »).

• Leur tendre le bulletin. Leur laisser le temps de saisir l'étendue des dégâts, sans les étourdir de paroles pour tenter de les distraire.

• Rester avec eux et leur expliquer, matière par matière, vos difficultés.

• Montrer votre volonté de remonter la pente.

• Chercher des moyens concrets avec eux pour y parvenir.

SOS
Flagrant délit de tricherie

Votre professeur vient de vous prendre la main dans la trousse à manier des antisèches... Hélas, vous ne pouvez pas disparaître sous terre. Conseils pour choisir sur quel pied danser.

Évitez

• Les démentis énormes (« Je vous jure, monsieur, c'était un mouchoir »).

• Les gestes héroïques (avaler l'antisèche comme un message secret défense, c'est beau dans un film d'espionnage, mais pas très digeste dans la vraie vie !).

• L'insolence (« C'est normal qu'on ait besoin d'antisèches, vos cours sont tellement nuls ! »).

• La délation (« Je ne suis pas la seule, tous les autres font pareil »).

Préférez...

• Assumer, et trouver un mot modeste pour le montrer (« Pardon », « Veuillez m'excuser »).

• Promettre sincèrement que vous ne recommencerez plus.

• Accepter la punition sans chercher à marchander.

• Voir plus loin que le bout de votre interro : à quoi cela vous sert-il vraiment de tricher ? Si vous n'avez pas acquis ce que vous devez savoir maintenant, comment ferez-vous au prochain contrôle ?

SOS On triche sur moi !
Votre voisin aiguise son œil de lynx sur votre copie ? Vous êtes en droit de lui montrer que vous n'êtes pas d'accord avec ce téléchargement illicite. S'il persiste, cachez votre copie. Si le professeur flaire une fâcheuse gémellité entre les deux contrôles, avant de pointer votre index sur le coupable, demandez-lui de se démasquer lui-même : vous aurez été chic jusqu'au bout !

School

65

SOS Couture

Devenir cousette aux doigts de fée
jamais piqués
en deux minutes chrono !

SOS Bouton

Au moment de fermer votre jupe pour partir en soirée, le bouton lâche sans crier gare. Hélas, aucun juron ne le remettra en place. Vite, une aiguille, un fil !

Fournitures

• Prenez une aiguille longue et épaisse. Avec les aiguilles trop fines, on risque des nœuds (sur le fil, donc au cerveau).
• Coupez 40 cm de fil (on ne vous fera pas l'insulte de préciser qu'il faut assortir sa couleur à celle du tissu).
• Sucez la pointe du fil. Ce geste vous aidera à enfiler le fil dans le chas. Ch'est quoi cha ? Le trou de l'aiguille, chaprichti !
• Une fois le fil passé, joignez ses deux extrémités (pour avoir une épaisseur double). Faites un nœud au bout.

Pic pic !

• Piquez droit dans le tissu, par l'envers. Reprenez les trous où était fixé ce vil bouton qui vous a fait faux-bond !
• L'aiguille émerge à la surface. Enfilez le bouton, comme au bilboquet. Tirez le fil jusqu'au nœud.
• Faites plonger l'aiguille par un autre trou du bouton, en visant un autre trou du tissu.
• Repassez l'aiguille tout droit vers l'endroit. Reprenez le va-et-vient plusieurs fois pour arrimer le bouton par ses deux ou quatre trous.

Finitions

• Faites deux tours avec votre fil entre le bouton et le tissu pour lier vos points ensemble et les solidifier.
• Le nœud final se fait sur l'envers. Glissez votre aiguille dans l'un de vos points. Faites une boucle. Passez en son milieu. Tirez. Voilà un nœud rapide et efficace ! Coupez le fil en laissant quelques millimètres.

Doigt cuirassé contre étoffe résistante

Si vous maniez un tissu épais, enfilez un dé de couturière, pour pousser l'aiguille à travers le tissu.

Conseil de pro

Allez dans une mercerie, charmante espèce de magasin en voie de disparition. Les vendeuses y conservent d'hallucinantes collections de boutons. Vous y trouverez le quasi-jumeau de votre trésor perdu. Merci, mercière !

SOS Accroc

Vous avez déchiré votre jean préféré en enjambant la clôture pour aller retrouver le bel Édouard.
Comment réparer l'accroc vite fait bien fait ?

Plusieurs remèdes

• Pour les tissus épais (de type jean), achetez en mercerie une pièce thermocollante. Appliquez-la sur l'envers du tissu (les bords de la pièce doivent déborder généreusement autour du trou) et passez un coup de fer à repasser musclé. Vous aurez cloué le bec à votre jean.

• À l'endroit du tissu, vous pouvez ajouter une pièce décorative (à découper par exemple dans une jolie chute de tissu). Repassez le bout de tissu après en avoir plié les bords (pour éviter l'effilochage) et cousez à points fins sur le pantalon.

• Pour les tissus légers, mieux vaut employer une machine à coudre si vous souhaitez un raccommodage discret. Choisissez la position zigzag. Placez votre tissu sous le pied-de-biche en resserrant bien les deux bords de la « plaie ». Piquez : l'aiguille, en passant d'un bord à l'autre, suturera solidement votre accroc ! (Pour un mode d'emploi complet de la machine à coudre, reportez-vous page 72).

• Si la machine à coudre vous impressionne, attrapez un fil et une aiguille et cousez ensemble à petits points les deux bords déchirés. Choisissez bien évidemment un fil de la même couleur que vos vêtements à rapiécer.

Sale !

Ne lavez pas votre vêtement avant de le repriser. Un passage en machine risquerait d'agrandir le trou et d'effilocher le tissu.

SOS Étiquette

Une étiquette vous gratte. Vous prenez vos ciseaux, résolue à amputer la coupable. Gare ! L'étiquette est souvent piquée dans la couture du vêtement. En croyant la découdre proprement, vous risquez d'entailler le tissu, ou au moins ses coutures. Pour éviter cela, coupez à ras, mais pas plus qu'à ras, en veillant à n'arracher aucun fil !

SOS Maille

Vous repassez par-dessus la clôture pour retourner chez vous et c'est votre pull qui maintenant reste coincé dans un bout de grillage. Aïe, comment rentrer une maille qui veut quitter son pull-over ?

Remettre les choses en place
• Tirez sur le pull dans sa largeur pour que le rang de mailles toutes tendues se sente moins à l'étroit. Normalement, le bout de laine qui ressort devrait « rerentrer » quelque peu.
• Prenez une aiguille à coudre et faites passer la boucle de laine qui pointe son gros nez à l'extérieur de l'autre côté du pull, là où personne ne la verra plus. Ni vu, ni connu.

En cas d'accroc
• Si les fils de la clôture ont déchiré la maille, il va falloir prendre d'autres mesures.
• Trouvez un fil de la couleur de votre pull. L'idéal, c'est de le prendre en laine. L'idéal suprême, c'est de récupérer dans les petites pochettes en plastique qui sont parfois accrochées aux étiquettes un échantillon de la laine qui a servi à faire votre pull, ou de demander à votre grand-mère la fin de sa pelote s'il s'agit d'un pull tricoté main.
• Rentrez les bouts de laine déchirés vers l'intérieur du pull.
• Travaillez sur l'envers et, avec une aiguille, piquez dans les mailles voisines du trou pour le combler.
• Faites plusieurs points, tenus par un nœud.
• Ne tirez pas trop sur votre fil, ne serrez pas trop votre ouvrage, car le trou comblé se verrait plus alors.

À éviter
• N'attrapez pas vos ciseaux pour couper la boucle de laine rebelle au ras.
• Quand vous reporterez votre pull, le trou s'agrandira à coup sûr.

wool

Vous voulez étrenner votre nouveau pantalon, géniale trouvaille de votre après-midi de shopping. Mais il est trop long... Comment éviter qu'il boive les flaques sur votre chemin ?

SOS Pantalon trop long

Essayage

• D'abord, mettez les chaussures dont vous comptez vous servir (basses ou à talons, telle est la question !).

• Devant un miroir, repliez le pantalon à la hauteur voulue et fichez deux épingles sur l'une des jambes (celles du pantalon, pas les vôtres).

• Enlevez le pantalon et retournez-le. Repliez l'autre jambe comme la première.

Trois solutions

• La première s'adresse aux paresseuses (et fières de l'être) : appliquez un ruban spécial ourlet, adhésif sur ses deux faces, et repassez fortement le bas du pantalon. Ça colle, c'est magique, mais au bout de quelques passages en machine, l'ourlet tiendra moins bien.

• Deuxième solution : piquez à points fins tout le long de l'ourlet (le fil doit être à peine visible sur l'endroit).

• Troisième solution : piquez à la machine, si vous avez votre permis de conduire cet engin ! Passez-le à la page suivante si vous ne l'avez pas.

À éviter

• Le rouleau adhésif des déménageurs.

• Les épingles fixées à la hussarde (vous joueriez au fakir ou au Petit Poucet).

• La coupe au ciseau « à la bonne longueur », même si vous savez couper droit depuis la maternelle.

• Les trombones pour maintenir l'ourlet.

Points d'ourlet

Retournez le pantalon, rentrez le tissu pour faire l'ourlet. Cousez de droite à gauche. Sortez l'aiguille sur le tissu rentré puis piquez à gauche dans le tissu principal un tout petit point invisible. Replantez l'aiguille sous le tissu rentré. Le point peut être plus gros. Continuez ainsi sur toute la longueur.

SOS Machine à coudre

Cette bête-là semble compliquée. Erreur : cette machine a été créée pour vous simplifier la vie (ou du moins la couture, ce qui n'est déjà pas si mal !)

The Machine

Gare à vos blanches mains !

N'appuyez sur le pédalier que lorsque vous avez fini d'installer les fils et le tissu, et veillez bien à garder les doigts hors du point de chute de l'aiguille !

Coin coin coin

• Le principe d'une machine est de coudre avec deux fils, un par-dessous et un par-dessus.

• Avant tout, il faut donc préparer la « canette », la petite bobine qui dévide le fil du dessous. Vous devez y enrouler le même fil que sur la grande bobine. Pour cela, choisissez le mode « bobinage » sur le bouton de contact de votre machine, en suivant les instructions de votre mode d'emploi.

• Une fois la canette faite, glissez-la dans la trappe située sous le pied-de-biche de la machine. Le bout du fil doit émerger de quelques centimètres et vous devez le tirer vers l'arrière.

Le fil rouge

• Faites passer le fil de la grande bobine dans les guides-fil prévus (en suivant les schémas explicatifs de votre machine). Une fois passé dans le chas de l'aiguille, tirez dessus pour le faire dépasser de quelques centimètres, et ramenez-le en arrière avec le fil de la canette.

À l'assaut !

• Placez votre tissu sous le pied-de-biche (pour vos premiers essais, choisissez un tissu léger et sacrifiable, par exemple un chiffon). Abaissez le pied-de-biche sur le tissu.
• Placez le bouton de contact en position « couture ».
• Commencez à appuyer sur le pédalier. Attention : plus vous appuierez fort, plus l'aiguille piquera vite. Débutantes, n'écrasez pas le champignon !

On ne lâche rien !

• Tenez fermement le tissu pendant que l'aiguille pique, en lui faisant suivre les lignes repères tracées à côté du pied-de-biche.
• Pour apprivoiser votre machine, testez sur le chiffon les différentes fonctions qu'elle vous offre. Pour cela, tournez les deux boutons situés devant vous en haut de la machine. L'un d'eux modifie les points de couture (points droits, marche arrière, zigzags…) et l'autre la longueur des points.

Virage et fin de parcours

• Si vous devez tourner le tissu (à angle droit par exemple), relâchez le pédalier. Relevez le pied-de-biche en vérifiant que l'aiguille est toujours piquée dans le tissu. Si elle ne l'est pas, faites-la plonger dedans en tournant le gros disque situé sur le côté de la machine. Tournez votre tissu, rabaissez le pied-de-biche, redémarrez.
• Quand vous avez fini une couture, faites quelques points en marche arrière pour bien stopper le fil.
• Si l'aiguille est encore piquée dans le tissu, remontez-la manuellement (toujours au moyen du disque situé sur le côté de la machine), puis relevez le pied-de-biche. Dégagez le tissu par l'arrière en tirant un peu pour laisser sur la machine quelques centimètres des deux fils, et coupez à ras du tissu.

Help !

L'idéal est évidemment de faire vos expériences non loin d'une personne expérimentée, mère, marraine ou mamie (ou père, après tout !), qui pourra guider vos premières lignes droites.

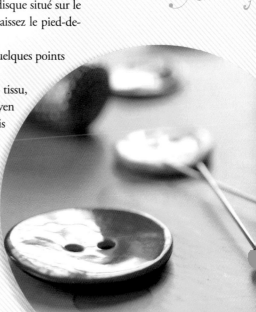

SOS Garçons

Aimer et être aimée
en deux minutes chrono
(enfin plutôt en deux semaines,
soyons honnêtes !) et, si cela se trouve,
pour toute la vie !

SOS
Je suis timide

Édouard vous adresse la parole pour la première fois. Sa voix vous cloue sur place, vos joues brûlent, vos jambes vacillent : vous avez cinq secondes pour lui répondre comme si de rien n'était !

Opération sauvetage

• Pour masquer votre stupeur et le tremblement de vos jambes, appuyez-vous le dos au mur ou la main sur un pilier du préau.

• Souriez. Ce premier sourire est la plus jolie impression que vous puissiez lui donner de vous.

• Affrontez son regard couleur menthe à l'eau, sans baisser les yeux…

• Pour éviter l'hypnose, essayez l'auto persuasion : « Et on dirait qu'Édouard serait très laid. » Efforcez-vous de garder le même détachement que si vous parliez à un poisson rouge !

• Pourquoi ? Parce qu'il faut garder la tête froide. Une ébauche de conversation n'est pas une déclaration d'amour. Peut-être veut-il simplement vous demander l'heure !

Sas de décompression

• Cet appel à votre raison devrait vous aider à maîtriser les battements fous de votre cœur…

• Tenez, le sang qui affluait à vos joues reflue déjà : ne craignez rien, vous n'êtes pas cramoisie.

• Pour éclaircir vos cordes vocales sabotées par l'émotion, déglutissez discrètement.

• Répondez… Qu'est-ce qu'il vous a dit ? Faites un violent effort de mémoire pour vaincre ce dernier piège de la timidité. Ses paroles sont tombées dans vos oreilles il y a cinq secondes : elles y sont forcément encore !

Cœur en mille morceaux
Édouard vous a clairement fait comprendre qu'il n'était pas intéressé. Plutôt que d'éclater en sanglots devant lui, ravalez vos larmes et repartez dignement sans manifester votre chagrin. Un jour viendra où un garçon génial sera voir la fille extra-ordinaire que vous êtes !

Quand vous croisez le regard du bel Édouard, il rougit autant que vous. Aïe, aïe, aïe, vous êtes tombée sur un timide ! Comment faire pour que votre amour éclate au grand jour avant que vous ayez 107 ans tous les deux ?

SOS
Il est timide

À bas les préjugés !

• Pourquoi serait-ce toujours aux garçons de faire le premier pas ? Nous ne sommes plus au XIXe siècle. Les filles aussi ont leur mot à dire !

• Leur mot, seulement ! Inutile d'aller vous jeter sur lui toutes lèvres dehors et de le vampiriser dans la cour devant ses copains sidérés. Un peu de tact, mademoiselle, ou l'on risquerait fort de vous prendre pour ce que vous n'êtes pas, une fille facile et délurée !

À pas de loup !

• Rapprochez-vous de lui discrètement et engagez la conversation d'un ton enjoué sur un thème qui le passionne. Facile ! Vous savez tout ou presque sur lui !

• Si Édouard est futé, il vous répondra et le premier contact sera noué. S'il est choqué et vous reproche votre hardiesse, oubliez-le. Il ne valait pas la peine qu'on fasse tant d'efforts pour ses beaux yeux !

SOS Amoureuse

Édouard vous a déclaré sa flamme et vous vous promenez à son bras aussi fière qu'une reine.
Petits conseils pour être vraiment reine jusqu'au bout des ongles...

Mlle Gétoufaux

Mlle Gétoufaux a décidé, pour une fois, de tout faire parfaitement, avant d'embrasser Raoul, son prétendant : spray mentholé, chewing-gum réglissé, rouge à lèvres rosé, sourire exagéré, déhanchement déhanché.
Résultat : baiser loupé !
Trop de préparatifs tuent le baiser !

Collés-serrés

• L'amour est une histoire intime entre un prince charmant et sa princesse. S'embrasser comme des sangsues au milieu de la cour de récré ? Pas très royal…

• Se dévorer de baisers gourmands dans les lieux publics (Abribus, parc, cinéma, piscine) ? Soyez triomphale, pas cannibale !

Délicatesse

• S'afficher devant la copine qui vient de se faire plaquer, parce qu'on ne la porte pas dans son cœur ? La noblesse de vos sentiments exclut bien sûr toute mesquinerie.

• Décrire par le détail les merveilleux baisers d'Édouard aux copines ? Ce serait raser votre jardin secret à l'herbicide. Quand on aime, on ne conte pas…

• Aller embrasser Édouard quand il parle foot avec ses copains ? Une reine n'interrompt pas le roi en Conseil des ministres, un roi doit savoir laisser sa reine à ses amies. La liberté fait respirer une histoire d'amour.

Jalousie

• Suivre Édouard ou le faire suivre par une copine pour connaître son emploi du temps à la seconde près ? Pas d'espions à la cour royale ! Une reine a une entière confiance en son roi, et réciproquement !

• Faire raconter à Édouard son passé amoureux pour être sûre d'être la fille qu'il a le plus aimée ? Ridicule. Chacun a son jardin secret, et vous vous blesseriez inutilement aux épines des roses du sien. Chaque histoire d'amour est un nouveau commencement, une page blanche à écrire ensemble !

SOS Je ne sais pas embrasser

Un baiser ne s'apprend pas à l'avance comme un rôle, il se vit dans la spontanéité. Tendresse, émotion, respect de l'autre sont les ingrédients nécessaires : si on les réunit, le baiser est parfait sans qu'on ait suivi aucune recette. Et c'est bien plus chouette comme ça !

Kiss...

79

SOS
Dire non

Édouard vibre d'amour et s'enhardit.

Il voudrait... vous comprenez.

Et vous, vous ne voulez pas. Sachez dire « non » délicatement

mais fermement. Et surtout, très vite.

Des garçons pleins d'émotion

Une fois éveillé, le désir d'un garçon est plus difficile à endiguer que celui d'une fille. D'où l'importance d'un « non » précoce. Ne testez pas, par jeu ou par naïveté, les trésors de maîtrise de soi dont Édouard est capable. Ce serait cruel, peu respectueux... et risqué.

Bonne distance

• Votre réserve doit déjà s'exprimer dans vos baisers. Évitez les caresses trop émouvantes qui peuvent faire tourner la tête de votre amoureux.

• Vous sentez qu'il s'affole... Vite, interrompez le baiser, prenez de la distance. C'est lui faire comprendre qu'il n'est pas invité à aller plus loin.

Franchise

• S'il vous pose la question (« Veux-tu ? »), répondez franchement. Dites sans honte que vous ne vous sentez pas prête. N'ayez pas peur qu'il se moque. S'il vous aime, il vous respecte, et il respectera aussi votre décision.

• Si vous sentez qu'il vous entraîne là où vous ne voulez pas aller (dans sa chambre), refusez aussitôt de le suivre. N'attendez pas d'être sous sa couette pour dire « non ».

Évitez

• Les postures dangereuses (je m'allonge à côté d'Édouard pour lui faire des petits câlins). Dérapage garanti.

• Les soirées où l'on enchaîne les slows langoureux et surtout les verres d'alcool. Vous pourriez vous réveiller avec une bonne « gueule de bois » !

• Les prétextes pour gagner du temps (« Je n'ai pas pris la pilule »). Et si Édouard sortait un préservatif de sa poche ?

• Le renvoi à une date butoir (« À 18 ans, je serai prête »). Vous n'en savez rien. Un véritable engagement amoureux mérite une longue préparation du cœur. Laissez-vous ce temps sans compter les mois ou les années. C'est votre droit le plus strict et la condition de votre bonheur !

Non à la pression !

Même si vos copines ont déjà eu des rapports sexuels, ne vous laissez pas mettre la pression par curiosité ou par peur de passer pour une « coincée ». On ne peut vivre l'amour en beauté que si l'on se sent prête et confiante. Avoir des relations sexuelles trop jeune, ce n'est pas une preuve de maturité précoce.

just say no !

SOS
Il me trompe !

Vous surprenez Édouard en train d'embrasser Émilienne. Le monde s'écroule. Mais ne vous laissez pas couler avec le navire de vos rêves.

Tous pareils ?

Gardez confiance dans la gent masculine : si Édouard menait double jeu, ça ne veut pas dire que la tromperie est une règle générale chez les garçons. Ne les jetez pas tous dans le même sac (et au fond de la rivière, avec une pierre au cou).

Trahison

• D'abord, il importe d'être sûre qu'Édouard vous trahit. Si c'est une « bonne » amie qui vous rapporte ce crime, pensez à vérifier la loyauté d'Édouard, mais aussi celle de votre copine !

• Le fait est avéré ? Bien sûr, vous rêvez de saisir un lance-flammes pour immoler sur le bûcher de votre vengeance : Édouard, sa nouvelle copine, les amis qui ne vous ont rien dit, et vous au passage.

Pourtant, il vaut mieux

• Pleurer un bon coup, aussi longtemps qu'il le faudra.

• Vous dire qu'Édouard ne vous méritait pas, puisqu'il vous a lâchement trompée.

• Aller trouver votre meilleure amie. La justesse de ses attentions, la chaleur de son sourire seront un premier réconfort.

• Attendre la rencontre d'un garçon plus fiable, mais sans foncer trop vite dans une histoire d'amour. Laissez d'abord la vie reprendre ses couleurs. Ne tombez pas amoureuse par dépit, par peur de la solitude… ou par vengeance ! (« Je vais sortir avec le meilleur ami d'Édouard pour l'embêter »).

SOS
Je ne l'aime plus

Vous pensiez aimer Édouard pour l'éternité et même plus, mais vous avez rencontré Louis.
« Entre les deux, mon cœur balance », comme dit le poète. Que faire ?

Lequel des deux choisir ?

• Une boussole vous guidera sur les sentiers tortueux de votre décision : l'honnêteté (envers vous-même et envers Édouard).
• Prenez le temps de réfléchir (mais pas des mois, tout de même…). Si vous êtes très attachée à Édouard, voyez comment reléguer Louis aux oubliettes de votre mémoire.
• Si Louis a envahi votre cœur, si ses qualités éclipsent les mérites d'Édouard, il faut tout de suite l'avouer à l'ancien élu de votre cœur.

Honnêteté

• Dites-le-lui par lettre, par téléphone, ou de préférence en tête à tête : la démarche est plus dure, mais aussi plus franche.
• Pesez vos mots pour ne pas blesser Édouard. Ne lui donnez pas l'impression que vous le quittez parce qu'il est un moins que rien. Sa peine sera atténuée si vous enveloppez de délicatesse le tranchant de la rupture.

À éviter

• Je commence à sortir avec Louis avant de rompre avec Édouard pour mieux les comparer. Il ne s'agit pas de deux plats cuisinés !
• Je demande à Édouard une rupture d'un mois, ce qui vous permettra de renouer si votre histoire avec Louis ne marche pas. Pratique, mais totalement cruel ! Édouard n'est pas un jouet qu'on délaisse et qu'on reprend impunément !
• Après avoir quitté Édouard, je reste tendre et ambiguë avec lui pour qu'il continue à m'aimer : rien de plus valorisant qu'un soupirant malheureux !

Je culpabilise

Il ne faut pas ! Vous n'étiez pas mariés, et votre âge est celui des grandes incertitudes amoureuses. Que cette expérience vous fasse seulement mesurer l'importance de ne pas aller trop vite, trop loin, pour ne pas jouer avec les sentiments de l'autre, ni avec les vôtres…

SOS
Amour@internet.com

Un prince charmant vient de se déclarer... sur un site de rencontres. Conseils de prudence pour ne pas foncer tête baissée vers un faux preux chevalier.

love etc...

Faux et usage de faux

• Ne vous fiez pas à son nom : c'est sûrement un pseudonyme. N'avez-vous pas vous-même trouvé plus branché de vous appeler Eva plutôt que Mathilde ?

• Ne vous fiez pas à son âge. Il affirme avoir 17 ans : qui vous dit qu'il n'en a pas 53 ?

• Ne vous fiez pas à ses passions. Il vous dit : « Je suis idéaliste, je cherche un amour qui durera toujours. » Attention, les doigts qui ont tapé ce message sont peut-être plus matérialistes qu'ils ne le prétendent !

• Eh oui, pardon d'émettre des doutes si peu romantiques ! Mais les sites de rencontres sont un moyen connu pour les vieux barbons d'attirer des victimes naïves dans leur giron.

Rendez-vous

• Il vous dit : « Je voudrais t'offrir un pot, rendez-vous chez moi, telle adresse, telle heure. » Que faire ? Refuser la rencontre sans hésitation.

• Il proteste : « Tu n'as pas confiance ? OK, je te propose un lieu public, rendez-vous au square des Tourterelles. » Que faire ? Refuser également, même si c'est une heure où les rues sont fréquentées. Seul à seule, on ne sait jamais (d'ailleurs, qui vous dit qu'il viendrait vraiment seul ?).

• Si vous décidez malgré tout d'aller à ce rendez-vous, faites-vous accompagner. Attention, votre meilleure amie ne suffit pas. Il vous faut l'escorte d'une bande de copines. Non, nous ne plaisantons vraiment pas.

Après tout...

• Et si l'inconnu d'Internet se révèle être vraiment charmant ?

• Il ne vous en voudra pas d'avoir pris vos précautions. Cela lui prouvera que vous avez la tête sur les épaules. D'ailleurs, il arrivera peut-être entouré de plusieurs copains. Car lui non plus, après tout, n'était pas sûr de vous !

Principe de réalité

Si les sites Internet offrent aujourd'hui de nouvelles possibilités de rencontre, rien ne vaut en fait les vraies rencontres dans la vraie vie avec de vrais gens, comme on l'a toujours fait !

Sites « entre amis » : prudence aussi !

Si vous vous inscrivez sur un site « sûr » (réseau d'amis), soignez votre présentation, soyez vraie. Irène n'a jamais compris pourquoi Quentin la boudait (ou la draguait sans respect). Eh bien, il est allé voir sa page sur Facebook. Pour crâner, elle avait publié une photo d'elle en petite tenue et faussé la description de son caractère... Alors, il l'a prise pour ce qu'elle n'était pas !

SOS
Conseil d'urgence

Votre meilleure amie vit une catastrophe : chagrin d'amour si dur qu'il lui fait haïr la vie, ou relation sexuelle non désirée et non protégée... Vers quelle aide pouvez-vous l'orienter ?

Mieux vaut prévenir...

MST, grossesse précoce... ces drames sont évitables. D'abord en s'abstenant de relations sexuelles tant qu'on ne s'y sent pas prête et en évitant les aventures avec des garçons de passage dont on n'est pas sûre, en attendant LA grande histoire avec LE prince charmant. Et si on a des relations sexuelles, il faut penser à une contraception efficace, la pilule, jointe à un préservatif seul capable de protéger des MST.

En cas de relations sexuelles non protégées

• Si votre amie craint d'avoir contracté une MST, ne lui dites pas : « Rassure-toi, ça n'arrive qu'aux autres ». Elle doit se faire examiner, ne serait-ce que pour balayer ses craintes.

Les contacts utiles :

- Infirmière scolaire ou médecin traitant (tenus au secret médical) ;

- Fil Santé Jeunes, 0800 235 236. Appel anonyme et gratuit depuis un poste fixe ou une cabine téléphonique. Écoute 7j/7, de 8 heures à minuit. www.filsantejeunes.com.

• En cas de crainte d'une grossesse précoce :
Là non plus, il ne faut pas exclure cette possibilité, surtout à un âge où la fécondité d'une fille est à son maximum. Les personnes à joindre au plus vite :
- Infirmière scolaire ou médecin traitant ou gynécologue ;
- Fil Santé Jeunes, 0800 235 236. www.filsantejeunes.com ;
- Centre de planning familial de votre ville.

En cas de grave déprime, de gestes d'automutilation, d'anorexie, de pensées suicidaires

• Votre présence amicale ne suffira pas à soigner ce mal de vivre. Il lui faut un accompagnement psychologique d'ordre professionnel. Les organismes à contacter :
- Fil Santé Jeunes, 0800 235 236. www.filsantejeunes.com ;
- SOS Amitié, 01 40 09 15 22. Appel anonyme, coût d'une communication locale. www.sos-amitie.com ;
- Suicide écoute, 01 45 39 40 00. Écoute 7j/7, 24h/24.

dangerous

Si la tempête de l'adolescence n'a pas brouillé (provisoirement !) les ondes entre les parents de votre copine et elle, ils feront des conseillers rassurants et avisés.
Ils l'aiment, ils la connaissent depuis qu'elle est toute petite et ils ont une certaine expérience !
• N'hésitez donc pas à leur lancer des signaux discrets mais efficaces pour qu'ils engagent la discussion avec leur fille.
• Vous pouvez aussi vous tourner vers des adultes en qui elle a confiance : grands-parents, oncle ou tante, parrain ou marraine, parents d'une autre copine, prof qu'elle apprécie particulièrement.
• Il faut qu'elle sache qu'elle est entourée et aimée.

SOS

Cuisine

Devenir un cordon bleu
et une maîtresse
de maison parfaite
en deux minutes chrono !

SOS
Entrée express

« Allô, c'est maman ! Je pars du travail !

Il y a des lasagnes au frigo mais

tu peux préparer l'entrée, ma grande ! » Aussitôt dit, aussitôt fait !

Voici une entrée qui pousse comme un champignon !

Ingrédients
- 1 (gros) champignon blanc par personne
- 1 petit pot de fromage blanc ou de yaourt nature
- Curry, poivre, sel

Recette
- Lavez les champignons.
- Séchez-les délicatement dans un torchon (propre) !
- Enlevez-leur le pied pour leur donner une forme de coupelle.
- Dans un bol, mélangez le yaourt (nature, pas à la fraise !) avec une bonne cuillère de curry, une pincée de sel et un soupçon de poivre.
- Garnissez de ce mélange l'intérieur de chaque champignon.
- Servez sur une assiette dont vous aurez saupoudré le pourtour d'une traînée de curry, pour faire joli…

« Allô, c'est maman !
Je rentre tard ce soir.
Tu peux préparer une quiche
pour tout le monde ? »
Et hop ! Une quiche en un tour de bras !

SOS
Quiche express

Recette :

• Préchauffez le four à 200 °C (thermostat 7).

• Étalez la pâte feuilletée dans un moule à tarte, en gardant le papier cuisson dessous.

• Faites revenir dans une poêle les lardons. Pas besoin d'ajouter de la matière grasse, ils en rendent suffisamment !

• Dans un saladier, mélangez tous les ingrédients qui restent en vrac.

• Salez très légèrement (attention, les lardons salent déjà le mélange), poivrez.

• Versez le mélange sur la pâte.

• Vous êtes allée plus vite que la musique, le four est encore tiède ? En attendant qu'il chauffe, disposez sur la quiche de fines rondelles de courgette ou des lamelles de poivron vert. Ou un peu plus de gruyère râpé, si vous préférez vous en tenir à la recette traditionnelle.

• Résultat : votre quiche customisée enthousiasmera les foules… qui auront peine à croire que vous l'avez réalisée dans la précipitation !

• 30 minutes de cuisson environ, jusqu'à ce que la quiche soit bien dorée.

Ingrédients
Pour 4 personnes

• 1 pâte feuilletée toute faite
• 1 brique de crème fraîche liquide (20 cl)
• 4 œufs
• 100 g de lardons
• 150 g de fromage râpé
• 2 verres de lait
• Sel, poivre

in the
kitchen

Quantité
Si vous dînez en tête à tête avec votre papa, ne changez rien aux proportions. Comme dit l'adage : « Estomac viril, appétit de crocodile ! »

SOS
Pâtes express

« Allo, c'est maman ! Je suis coincée au bureau. Ta quiche était si bonne ! Tu ne voudrais pas nous faire des pâtes pour ce soir ? »
Allez hop, cordon bleu !

Ingrédients

- 100 g de tagliatelles par personne (mettons 200 pour votre frère en pleine adolescence)
- 1 aubergine
- 100 g de lardons
- Un chouia d'huile d'olive
- Un peu de crème fraîche
- 1 nuage de parmesan râpé
- Sel, poivre

Recette

- Portez à ébullition une casserole d'eau salée.
- Pendant ce temps, coupez l'aubergine en fines rondelles.
- Jetez-les en vrac dans une poêle chauffée à feu vif, avec un filet d'huile d'olive et les lardons.
- Quand l'eau se met à bouillir comme un geyser islandais, plongez-y les tagliatelles et regardez votre montre. Respectez le temps indiqué pour une cuisson *al dente*. Ni moins, ni plus !
- Baissez le feu sous la poêle. Ajoutez un peu d'huile si les aubergines dorent trop fort. Remuez de temps à autre.
- Dring ! Égouttez les pâtes, transférez-les dans un plat. Arrosez-les d'un peu de crème fraîche, poivrez.
- Ajoutez le mélange de la poêle, touillez, et saupoudrez de parmesan râpé.
- *Buon appetito !*

Pâtes au beurre ?

- Les tagliatelles aiment aussi la sauce Bolognaise (à base de tomates et de viande hâchée) et la sauce Carbonara (lardons, crème et parmesan).

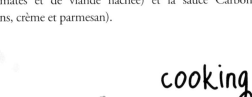

cooking

SOS
Salade express

« Allô, c'est maman ! Dis, tu nous préparerais
une bonne petite salade pour ce soir ? »
À vos couteaux, les filles !

Ingrédients

Pour 4 personnes
• 4 belles tomates
• 2 cuillères à soupe
d'huile d'olive
• 1 cuillère à soupe de
vinaigre balsamique
• 1 citron
• Quelques feuilles de
basilic
• Sel, poivre

Recette

• Lavez les tomates et coupez-les en fines rondelles.

• Ouvrez le sachet de mozzarella (gare aux gestes trop rapides,
elle baigne dans une eau qui pourrait bien vous asperger) et
coupez-la en fines rondelles.

• Tout lancer ensemble dans l'assiette puisque vous êtes pressée ? *Che vergogna !* Il faut quand même une *presentazione
artistica !* Alternez donc les tranches de tomates et les tranches
de mozzarella.

• La sauce maintenant : huile d'olive, filet de citron (pressé
comme vous), vinaigre balsamique, pincée de sel et de poivre.

• Jetez une pluie de basilic. Cueillez-en du frais au jardin, ou
farfouillez dans les petits pots de fines herbes, ou dans les petites boîtes surgelées au congélateur.

• Ouf, ça y est ! Bravo, c'a été de l'*allegro prestissimo !*

SOS
Dessert express

« Allô, c'est encore maman ! Comme tu es très douée en cuisine, tu ne voudrais pas faire le dessert pour ce soir, ma chérie ? »
Et hop, petit marmiton remet son tablier !

Ingrédients

Pour 4 personnes
• 4 poires
• 4 boules de glace à la vanille
• 1 poignée d'amandes effilées
• 80 g de chocolat noir

Recette

• Coupez les poires en quatre (pas vos cheveux), pelez-les, ôtez le trognon, disposez-les dans les assiettes.

• Dans une casserole, faites fondre le chocolat à feu moyen avec un peu d'eau (sans le noyer : il ne sait pas nager !). Mélangez bien pour obtenir une pâte onctueuse.

• En même temps (mais non, vous n'êtes pas monotâche !), mettez une poêle à chauffer à feu vif et jetez-y les amandes effilées sans une goutte de matière grasse. Laissez dorer en remuant (gare, ça va très vite !).

• Ajoutez une boule de glace dans chaque assiette.

• Recouvrez poires et boules de glace avec le chocolat fondu, faites pleuvoir les amandes grillées…

• Servez immédiatement et dégustez en toute sérénité. La belle et efficace Hélène (ah ! vous ne le saviez pas, vous venez de préparer des poires Belle-Hélène) a gagné sa course contre la montre !

SOS
Compilation de restes

« Allô, c'est toujours maman ! Je rentre très tard, je ne sais plus trop ce qu'il y a dans le frigo, débrouille-toi, ma chérie ! »

Omelette « À la fortune du pot »

- Coupez en lamelles un oignon, faites-le revenir dans une poêle avec un morceau de beurre.
- Épluchez les pommes de terre cuites qui restent du dîner d'hier, ajoutez-les à l'oignon. Si d'autres légumes vous font de l'œil, faites-les prendre le chemin de la poêle.
- Dans un bol, mélangez les œufs qui se battent en duel en haut du frigo. Ajoutez un reste de fromage morcelé en copeaux.
- Versez ce mélange dans une poêle, faites cuire à feu doux. N'attendez pas que les œufs se dessèchent !
- Salez, poivrez.
- Servez avec les endives qui se languissent dans le bac à légumes (ôtez-en les feuilles extérieures ramollies).

Pain perdu ? Pas pour tout le monde !

Il vous reste du pain dur ? Plutôt que d'alourdir la poubelle…

- Coupez le pain en tranches.
- Dans une assiette, battez un œuf.
- Dans une autre assiette, versez un fond de lait.
- Faites fondre un morceau de beurre dans une poêle.
- Trempez le pain dans le lait, puis dans l'œuf, et faites-le cuire sur les deux faces.
- Sucrez, ajoutez une pincée de cannelle si vous aimez.
- Savourez chaud !

Attention aux dates de péremption

Elles ne sont pas là pour la décoration. Laitages périmés, et surtout viande, poisson, œufs, charcuterie : direction poubelle ! Jetez aussi les vieilles conserves : ce n'est pas la peine de vous empoisonner pour une boîte de thon dans laquelle marinent les microbes ! L'art d'accommoder les restes, c'est aussi l'art de ne pas tomber malade !

fooding

SOS
Mayonnaise express

« Et une petite mayonnaise pour accompagner les crevettes ? Tu saurais faire, ma cocotte ? »
Oui maman !

Recette

- Séparez le jaune du blanc d'œuf. Pour cela, cassez l'œuf sur le bord d'un bol d'un coup sec et faites passer le jaune d'une moitié de coquille dans l'autre en laissant tomber le blanc au fond du bol.
- Jetez le blanc, gardez le jaune, que vous mettez dans un bol.
- Ajoutez la moutarde, le poivre et le sel. Vrrr ! Un p'tit coup de batteur électrique.
- Versez un peu d'huile et revenez à la charge avec le batteur. Lorsque le mélange est homogène, versez une nouvelle rasade d'huile, continuez à battre, continuez à verser…
- … jusqu'à ce que la mayonnaise prenne une belle apparence onctueuse d'un jaune très pâle. Ce stade atteint, arrêtez l'huile car, à force, votre mayonnaise n'aurait plus de goût.
- Laissez reposer au réfrigérateur… et reposez-vous aussi !

Ingrédients
Pour 4 personnes
- 1 œuf
- 1/2 cuillère à café de moutarde
- Huile de tournesol
- Sel, poivre

Topics

Pour les filles très, très pressées…

Tirez de vos placards un pot de (bonne) mayonnaise toute faite et versez-le dans un bocal (vide) de confiture pour faire semblant de l'avoir faite maison ! Oh, quelle affreuse imposture !

« Et une sauce salade ? »
Oui, je sais faire aussi, maman chérie !

SOS
Sauce
Salade express

Recette
- Dans un bol, déposez la moutarde.
- Salez et poivrez.
- Ajoutez le vinaigre. Mélangez pour y délayer la moutarde.
- Ajoutez l'huile peu à peu, en continuant à bien remuer. Allez, on ne faiblit pas du bras !
- Goûtez et n'hésitez pas à rectifier le tir une ou plusieurs fois. Si c'est trop fade, ajoutez vinaigre et moutarde. Si c'est trop fort, remettez de l'huile !

Ingrédients
- 3 cuillères à soupe d'huile d'olive
- 1 cuillère à soupe de vinaigre (pourquoi pas balsamique, ou parfumé à la noix ? Goûtez et voyez !)
- 1 cuillère à café de moutarde
- Sel, poivre

N'assaisonnez pas trop tôt !
N'oubliez pas que la vinaigrette « brûle » les crudités si vous les assaisonnez trop longtemps à l'avance. Une sauce salade n'est pas une marinade ! Faites-la attendre sagement à côté du saladier jusqu'au moment où vous servez.

Mlle Gétoufaux

Son premier mélange lui a brûlé le palais. Au moment d'ajouter de l'huile pour calmer l'incendie, elle s'est ravisée : l'huile sur le feu, comme chacun sait, ça fait tout exploser ! Alors, elle a préféré ajouter un grand verre d'eau fraîche. Prudente, la demoiselle, mais cordon-bleu, ah ça non !

SOS
Gestes techniques

« Tu nous découpes le poulet, ma poulette? »
Bien sûr, maman !

Découper la volaille...

Au menu : poulet rôti ! Qui, de la bête ou de vous, aura le dernier mot ?

- *Don't panic*. Le poulet est déjà mort, il ne criera pas !
- Armée d'une pique et d'un couteau, détachez les cuisses.
- Découpez les ailes (toujours au ras du corps).
- Entaillez le dos de la bestiole au milieu, sur toute sa longueur. Faites glisser le blanc de part et d'autre, en suivant au couteau la ligne des cartilages pour détacher la chair des os.
- N'enlevez surtout pas la peau dorée au four, on vous en voudrait !
- Grattez élégamment la chair qui reste collée aux cartilages, pour ne rien perdre.

L'aile ou la cuisse ?
N'hésitez pas à sonder les préférences des invités, elles sont parfois affirmées ! Certains ne mangent que du blanc, d'autres ne jurent que par les cuisses !

Vider un poisson

En rentrant de chez le poissonnier, vous vous apercevez que ce farceur n'a pas vidé le maquereau. Poisson d'avril ! À vous de réparer cette blague, et vite, puisque les invités arrivent.

- Prenez des ciseaux ou un couteau effilé.
- Ouvrez le ventre à partir de la queue en remontant vers la tête jusqu'au milieu de l'abdomen.
- Passez un doigt à l'intérieur et attrapez tout ce qui vient. Normalement, tous les boyaux descendent d'un coup. Hummmm !

- Détachez doucement les ouïes sans casser l'attache entre la tête et les flancs.
- Placez la bête sous un filet d'eau pour ôter les écailles qui se trouvent sur la peau en raclant avec un couteau.
- Cuisinez (vite) le poisson.

Ouvrir une bouteille de vin...

Vous voulez cuisiner votre poisson (vidé !) avec un soupçon de vin blanc. Voici comment ouvrir la bouteille… sans casser le bouchon à l'intérieur.
- Avec la lame d'un couteau, ôtez l'opercule qui protège le goulot.
- Choisissez bien votre tire-bouchon : plutôt qu'un simple tournevis surmonté d'un manche en bois (il faut avoir de vrais muscles et un bon tour de main pour faire remonter le bouchon sans le casser), préférez un tire-bouchon qui ressemble à un bonhomme muni de bras.
- Ajustez son cerceau autour du bouchon.
- Plantez le bout de la vis très droit dans le bouchon.
- Vissez jusqu'au bout ! Surtout ne vous arrêtez pas à la moitié par esprit de facilité, vous casseriez le bouchon à tous les coups.
- Quand la vis est enfoncée et que les bras du bonhomme sont levés haut (par l'enthousiasme de votre victoire imminente !), baissez-les-lui de force… Rabat-joie !
- Magique ! Le bouchon glisse tout seul vers le haut !

chicken
or fish?

Mlle Gétoufaux

Un poisson entier, et alors ? Mlle Gétoufaux l'a fait cuire tel quel. Plouf dans la marmite ! Et replouf dans la poubelle, où l'immangeable poisson a atterri. Les invités auraient préféré des poissons panés carrés !

SOS
Belle table

Vous avez deux minutes chrono pour mettre le couvert avant l'arrivée des invités.
Balisage à suivre pour faire très vite en toute élégance !

À éviter

- La nappe qui a déjà servi deux fois. Les taches ne disparaissent pas par magie, au contraire, elles s'incrustent !
- Les assiettes collées les unes aux autres (tactique déloyale pour vous rapprocher d'Édouard, que vos parents ont invité, et redoutable pour se prendre un coup de coude dans les côtes quand Édouard découpera son poulet !).
- Le rouleau d'essuie-tout au milieu de la table (« Voilà vos serviettes, chacun se sert ! »).

Dîner assis

- Dépliez une nappe propre et repassée.
- Mettez-vous un compas dans l'œil (au sens figuré, hein !) et placez les assiettes à égale distance les unes des autres.
- Disposez en bon ordre le bataillon des couverts : fourchettes à gauche, couteaux à droite, cuillères à soupe mariées aux couteaux, petites cuillères entre l'assiette et le verre.
- Si du vin est servi, deux verres s'imposent : le plus grand à gauche pour l'eau, son petit frère à droite pour le vin.
- Placez une carafe d'eau au milieu de la table, en compagnie du sel et du poivre…
- Sans oublier la corbeille contenant le pain tranché…
- Et les serviettes sagement pliées dans les assiettes.

Buffet

• Recouvrez la table du salon (agrandie de toutes ses rallonges) d'une nappe en papier de couleur.

• Placez çà et là quelques bougies ou des confettis.

• Disposez les biscuits apéritif dans des coupelles (prévoyez aussi des coupelles vides pour les noyaux d'olives et les coquilles de pistaches, vous éviterez que Mlle Gétoufaux ne jette ses encombrants par terre).

• Alignez les petits légumes crus sur des plats allongés, dans l'ordre impeccable d'un régiment au rapport.

• Ajoutez-leur comme compagnons des petits bols de sauce propres et nets.

• Coupez le saucisson, roulez les tranches de jambon, et présentez cette charcuterie dans d'autres plats (parsemée de quelques cornichons, en option).

• N'oubliez pas les carafes d'eau et de jus de fruits.

• Ajoutez les piles de couverts et de serviettes (en prévoyant large : les distraits changent de verre aussi souvent que d'interlocuteur).

À éviter

• Les chips et la charcuterie dans leurs emballages (avec le prix dessus).

• Les petits bols de sauce éclaboussés (comme celui dans lequel vous avez préparé la mayonnaise selon la précieuse recette de la page 96).

• Les tranches de saucisson si épaisses que vos invités devront se taire trois minutes à chaque fois qu'ils en mâcheront une.

• Les fruits non lavés avec un saladier d'eau à côté (« Que chacun donne le bain à son raisin ! »).

nice pResentation

SOS
Nettoyage express

Il est minuit, les derniers invités sont repartis, les parents sont couchés, et vous vous trouvez devant un champ de bataille à remettre en ordre. Idées pour ne pas guerroyer jusqu'à l'aube.

Avant le dîner

• Espérons que vous avez pris la précaution de vider la cargaison précédente du lave-vaisselle…
• … et de laver tout ce qui était lavable à l'avance : couteaux de cuisine, poêles et casseroles, bols de mixeur, etc.

Après le dîner

• Apportez un grand sac-poubelle au salon et jetez-y directement tous les déchets (serviettes en papier, contenu des assiettes…).
• Ouvrez la fenêtre pour aérer.
• Évitez de rapporter la vaisselle verre par verre à la cuisine. Prenez un grand plateau ou, encore mieux, une table roulante.

• N'oubliez pas d'inspecter les meubles et recoins où les invités auraient pu semer leurs assiettes.

• Secouez la nappe (par la fenêtre, sauf si le voisin a installé son hamac sur le balcon d'au-dessous).

En cuisine

• Lancez le lave-vaisselle plein sans le charger jusqu'à l'implosion. Laissez le surplus de vaisselle sur un plateau, sur le plan de travail.

• Mettez les restes frais au frais (dans leurs plats, mais recouverts de film alimentaire, pour éviter que les carottes ne prennent le goût abrasif du chèvre corse qui les côtoie).

• N'oubliez pas le coup d'éponge qui fait la différence sur les plans de travail et les plaques.

Miss Nickel

• Faites la vaisselle qui reste, en chantant (souvenez-vous de Cendrillon), cela vous donnera du courage pour récurer les casseroles et astiquer les verres en cristal.

• Fermez la porte de la cuisine pour atténuer le bruit du lave-vaisselle et de vos vocalises.

• Et maintenant, au dodo, Cendrillon !

À éviter

• L' empilage massif de la vaisselle sale dans la cuisine (dans le secret espoir que maman se chargera de tout au réveil).

• L'aspirateur à minuit (dans la louable intention d'épargner maman). Contentez-vous d'un mot visible : « Je finirai le nettoyage après ma grasse matinée. »

• Le coup de serpillière pour tout remettre au net (indispensable, mais vous le passerez demain après l'aspirateur).

Conseils de pro

Pour les plats à laver à la main, remplissez les deux bacs de l'évier avec de l'eau très chaude. Ajoutez un (petit) jet de liquide vaisselle dans le premier (le plus éloigné de l'égouttoir). Plongez la vaisselle en pile dans ce bain moussant, repêchez chaque article, passez l'éponge, immergez dans le bac de rinçage, posez sur l'égouttoir, et au suivant !

SOS Copines

Devenir la copine idéale, l'amie rêvée
la confidente indispensable,
la reine des soirées
en deux minutes chrono !

SOS
Bonne copine

Vous et vos copines, vous êtes inséparables comme les doigts de la main et vous savez que c'est une chance, puisque l'amitié est un trésor. Voici quelques idées pour la cultiver et l'embellir.

Les bons comptes font les bonnes amies

On peut se prêter de l'argent ou des objets, mais mieux vaut être rigoureuse. Si chacune note ce qu'elle prête et ce qu'elle emprunte (et à quelle copine), cela évitera déboires et frictions. Longue vie à l'amitié !

Qui m'aime me suive...

• Dans la bande, à chacune sa place, en respectant l'espace vital des autres.

• Si vous êtes une meneuse, exploitez vos qualités ! Insufflez votre énergie aux autres pour les pousser à bouger (balades, piscine, bowling, shopping, pizzeria ou cinéma !). Soyez motrice dans les organisations d'anniversaires. Mais…

• Consultez vos copines à chaque prise d'initiative et acceptez les contradictions. Une bande d'amies est une démocratie : leader, oui, tyran, non !

Confidence pour confidence

• Si vous êtes réservée, soyez l'oreille du groupe, celle qui reçoit les confidences, qui s'aperçoit qu'une copine déprime.

• Mais essayez malgré tout de vous faire entendre dans le grand concert des nations, même si les autres parlent plus fort que vous ! Discrète, oui, invisible, non !

• Et n'hésitez pas à vous rebeller si votre trop grande discrétion conduit vos copines à lorgner sans vergogne sur vos copies !

Humour toujours...
• Si vous êtes la boute-en-train du groupe, allez-y à fond, en mariant humour et délicatesse. Évitez, par exemple, les blagues belges si une copine est née à Bruxelles. Pas de plaisanteries politiques, religieuses, racistes, graveleuses non plus !

Coup de blues
• Quand vous déprimez, vous avez le droit de le dire, sans craindre de miner le moral des autres, qui seront heureuses de vous tendre la main.
• Mais sachez ensuite sécher vos larmes : les copines ne sauraient plus quoi faire d'une fontaine d'eau courante !

SOS J'ai pas de copines !
Vous êtes nouvelle dans la classe et vous avez du mal à vous faire des amies car toutes se connaissent depuis longtemps et vous vous sentez toujours de trop ? Insistez ! Montrez-vous gentille, plaisantez, proposez votre aide, vous verrez, petit à petit, une place se fera pour vous dans le cercle de l'amitié !

SOS
Ma bande

Parfois, toutes les copines se retrouvent
et forment une belle haie de jeunes filles en fleurs.
Mais que votre bande de filles ne tourne pas au gang de folles !

They don't understand !

Ne singez pas le groupe de touristes en train de prendre des photos parce que les Français en font autant quand ils voyagent et que les étrangers peuvent parfaitement comprendre le français et les sobriquets dont vous les affublez.

Dans la rue

• On ne marche pas soudées comme des siamoises en obligeant les passants à grimper aux lampadaires pour laisser passer le commando.

• En particulier, on contourne les personnes âgées et les mamans à poussette.

• On ne crie pas, on rit avec discrétion, on évite les jurons et les mots fleuris à tous les coins de phrases et de rues.

• On ne fait pas de commentaires bruyants sur le beau mec du trottoir d'en face. A fortiori, on ne le siffle pas.

so happy together

Au café

• On s'installe sans faire exploser les vitres avec le fracas des rires et le raclement des chaises.

• On ne déplace pas toutes les tables.

• On ne hurle pas dans le café en déballant ses histoires intimes et l'emploi du temps détaillé de sa journée, empêchant ainsi tous ses voisins d'avoir eux-mêmes leur propre conversation.

• Quand le garçon prend la commande, on fait un tour de table dans l'ordre et on ne change pas d'avis dix fois.

• On commande chacune quelque chose et pas un verre pour cinq (même si on adore partager).

• On ne déballe pas ses chips et autres sandwiches pour accompagner les consommations.

• On partage l'addition si les consommations sont à peu près égales. Mais celle qui a pris une glace de luxe pour accompagner son café ne fait pas payer cet extra aux autres !

• On ne laisse pas l'amie trop généreuse payer la tournée, même si elle dit que ça lui fait plaisir (sauf événement exceptionnel qu'elle veut fêter par cette largesse).

À vot'bon cœur !

On n'oublie pas de laisser un petit pourboire au serveur. Quand on est nombreuses, 20 ou 30 centimes par fille forment un montant décent.

109

SOS
Meilleure amie

Dans votre bande, il y a une fille que vous préférez, votre meilleure amie. Voici les ingrédients qui donneront plus de saveur au gâteau de votre amitié.

Tu sens pas bon !

Il est toujours délicat de dire à sa meilleure amie qu'elle est mal habillée, qu'elle a du persil coincé entre les dents ou qu'elle sent un peu fort après le cours de sport. Mais essayez tout de même, en enrobant bien vos phrases. Si sa meilleure amie n'ose rien lui dire pour la sortir de l'embarras, qui le fera ?

Un kilo de confiance

• Ne doutez pas de votre place dans son cœur. Ne soyez pas jalouse si elle a d'autres copines. Prendre la liberté de nouer des amitiés différentes (moins intenses) est une réaction très saine. Faites de même et votre relation s'en trouvera enrichie…

Deux oreilles attentives

• Écoutez-la quand elle vous ouvre son cœur. Votre amie a besoin de vous, sa confidente attitrée. Votre capacité d'écoute renforce vos liens jour après jour.

• Mais sachez aussi vous faire entendre d'elle. Ce ne doit pas être toujours la même qui parle et s'épanche.

Trois cuillères de délicatesse

• Soyez discrète face à ce que votre amie vous tait : journaux intimes, histoires de famille, émois de cœur qu'elle souhaite garder. Ne cherchez pas à tout savoir, chacun son jardin secret.

• Réciproquement, vous n'êtes pas obligée de partager tous vos états d'âme avec elle : l'amitié n'est pas un dossier du KGB.

Un décilitre de respect

• Vous vous connaissez depuis que vous avez perdu vos dents de lait ensemble dans la cour de récré ? Les années passant, on a parfois tendance à oublier les formes, à durcir les vannes ou les sautes d'humeur gratuites. Vite, redressez la barre avant qu'il ne soit trop tard : on ne prend pas sa meilleure amie avec du vinaigre !

• Essayez de trouver des mots justes et tendres pour lui signaler quand elle vous « colle » un peu trop selon votre goût et que vous aspirez à un moment de solitude.

Un nuage d'humilité

• Ayez le cœur assez simple pour demander pardon après une dispute, sans aller trop loin dans l'auto accusation (« Tout est de ma faute, je suis une infecte chamelle ») mais en reconnaissant que les torts sont presque toujours partagés.

Une pincée de générosité

• Soyez toujours prête à lui donner des coups de pouce et n'hésitez pas à aider votre amie dans les matières où vous êtes douée. Pas question de faire les devoirs pour elle, mais à son côté !

• Enfilez vos ailes pour voler à son aide dans les situations délicates : aidez-la à éloigner le lourd Gonzague qui la drague, changez de conversation quand le sujet abordé entre copains lui fait de la peine…

• Mais attention : âme secourable n'est pas synonyme d'âme damnée. Ne la couvrez pas si elle fait des bêtises. Ne dites pas à ses parents qu'elle est chez vous alors qu'elle est partie retrouver un inconnu rencontré sur Internet !

Trois cents grammes de mémoire

• Pour ne pas oublier son anniversaire, mais aussi pour vous souvenir de lui rendre (dans des délais convenables) les objets que vous lui empruntez…

Loin des yeux, près du cœur

Horreur, elle déménage ! Votre amitié peut-elle survivre ? Bien sûr, si vous faites feu de tout bois : pensées qui franchissent les kilomètres comme le vent, lettres à lire et à relire, coups de fil ou de sans-fil (via Internet si votre amie est à l'étranger, sous peine de ruiner vos parents), mails, blogs, et pourquoi pas webcam !

Best friend

SOS
Idées cadeaux

Vous voulez fêter l'anniversaire d'une amie ou la remercier de vous avoir invitée. Vous manquez d'idées ? Rassurez-vous, nous en avons pour vous !

Prudence oblige !

Si c'est vous qui récoltez les fonds, attendez pour acheter le cadeau que toutes vos amies aient réglé leur part. Et si c'est vous qui fixez le budget, n'exigez pas une contribution qui les saignerait à blanc. Elles n'oseront pas toujours l'avouer !

Cadeaux individuels

• Une belle bougie de couleur pour entretenir la flamme olympique de l'amitié.

• Un joli article de papeterie : stylo, papier, aide-mémoire (ne dites pas pense-bête, elle pourrait se vexer !), cartes, tampons avec encre, pour s'écrire de jolis petits mots.

• Un ballotin de chocolats, un pot raffiné de confiture ou de miel pour les gourmandes.

• Des boules pour le bain, des sels, un savon (attention, pas de déodorant ou d'eau de toilette, cela pourrait être mal pris !).

• Un petit collier qui fait de l'effet. Ou un bracelet semblable au vôtre pour jouer les inséparables.

• *Le Manuel de survie pour les filles d'aujourd'hui*, ouvrage remarquable qui sert en toute occasion !

Cadeaux collectifs

• L'accessoire qui lui manque cruellement : des gants si elle se plaint d'avoir froid aux mains en récré, un sac si les coutures du sien font mine de rendre l'âme, une écharpe douce si vous la voyez souvent enrhumée…

• Un drap de bain avec gant de toilette assorti, une grande serviette de plage pour briller cet été.

• Une journée en parc d'attractions, une place de concert (attention aux calculs : chaque copine devra payer le prix de sa place en plus de se partager celle de l'invitée).

• Une ou plusieurs partitions pour une musicienne avertie.

• Quelques CD de ses chanteurs préférés, et pourquoi pas un lecteur MP3 si vous avez récolté beaucoup d'argent.

• Un album de photos dont vous pouvez customiser la couverture, avec plein de portraits de votre joyeuse bande dedans.

• Un bijou (emmenez-la faire du shopping avant, guettez ses réactions devant les vitrines).

• Un vêtement si vous connaissez sa taille et ses goûts.

Livres : quelques titres

• Tendre : Marcel Pagnol, *La Gloire de mon père* (et tous ceux qui suivent).

• Chef-d'œuvre : Dostoïevski, *Crime et châtiment*.

• Suspense : Daphné Du Maurier, *Rébecca*.

• Romantique : Charlotte Brontë, *Jane Eyre*.

• Polar : Gaston Leroux, *Le Mystère de la chambre jaune*.

• Panache : Alexandre Dumas, *Les Trois Mousquetaires* ou *Le Comte de Monte-Cristo*.

• Théâtral : Edmond Rostand, *Cyrano de Bergerac*.

• Poétique : Aragon, *Les Yeux d'Elsa*.

• À adapter bien sûr à l'âge et aux goûts de votre copine. Demandez conseil à un libraire !

SOS Fiesta

Vos parents viennent de vous accorder la lune, c'est-à-dire la permission d'organiser une fête chez vous avec tous vos copains et copines. La tête vous tourne, vous ne savez pas par où commencer les préparatifs. Check-list pour conjurer le vertige....

Pourriez-vous apporter ?

En règle générale, les garçons se font un plaisir d'apporter boissons, chips et autres pistaches, et les filles vous aideront à réunir quiches ou gâteaux. Mais si un garçon vous propose un crumble, ne dites pas non !

Préambule

• Un thème, et pourquoi pas ? Choisissez-le assez large pour ne pas faire peur aux récalcitrants du déguisement. Comme « Soirée brillante » où les extravertis viendront vêtus d'or et les timides, parées d'un simple collier argenté !

• Invitations : les cartons coûtent cher (papeterie, impression, timbres éventuels). Pourquoi pas un SMS ou un mail ? Invitez un peu large, il faut compter 30 % de réponses négatives.

Buffet

• Prévoyez par personne : 1,5 litre de boisson (à répartir entre eau, jus de fruits, sodas), 15 canapés, 1/4 de quiche.

• Pour la présentation, reportez-vous à la page 101 de ce merveilleux *Manuel* pour dresser une table de buffet époustouflante.

• Ne multipliez pas salades et taboulés, les invités préfèrent grappiller plutôt qu'avoir à se servir et manger dans une assiette debout.

• Pour le sucré : prédécoupez vos gâteaux en cubes d'une bouchée et multipliez les saladiers de bonbons…

• Pour la décoration : allez dans un hypermarché. Nappes en papier, couverts jetables aux couleurs vitaminées, vous y trouverez de quoi réaliser un buffet plein d'effet ! Passez aussi au rayon entretien : moins tendance, les sacs-poubelle de 100 litres seront indispensables pour jeter les reliefs de la fête.

• Évitez les bougies, à moins de les faire flotter dans des coupelles d'eau. Les pompiers risqueraient de jouer les invités surprise à votre soirée « Tout feu tout flamme ».

Précautions

- Achetez un rouleau de plastique transparent pour recouvrir les meubles qui craignent l'eau (oups, ce rond de verre sur la commode de l'arrière-grand-mère !).
- Enlevez les bibelots fragiles et les lampes décoratives.
- Fermez la chambre des parents et autres lieux privés.

Musique

- L'idéal est de trouver un copain qui aurait un logiciel capable de vous assurer une musique variée et sans transition pendant toute une soirée. Vos invités ayant sûrement des goûts éclectiques, mixez les cultures musicales. Madonna c'est bien, que du Madonna, c'est lassant !
- Attention au volume sonore (pour vos voisins comme pour votre rythme cardiaque). Il faut pouvoir parler sans s'époumoner.

Quel sort réserver aux « incrust » ?

- Une amie vous demande si elle peut amener sa correspondante anglaise. *Sure, welcome !*
- Une copine vous annonce un escadron de dix copains de chorale qui aimeraient se rafraîchir le gosier après leur répétition. Vous êtes en droit de dire non, surtout si vous avez prévu un nombre limite d'invités avec vos parents (et des vivres en conséquence).
- Des inconnus sonnent chez vous, attirés par la musique. Sollicitez Édouard et ses copains musclés pour barrer (courtoisement) votre entrée !
- Le jour où vous souhaitez « incruster » une amie : prévenez à l'avance et augmentez le diamètre de la quiche que vous avez promis d'apporter !

À éviter

- Le chauffage : même en hiver, la chaleur humaine suffit à faire monter le thermomètre !
- L'absence de diplomatie (« Zut, j'ai oublié de prévenir les voisins »). Eux n'oublieraient pas de prévenir la police pour tapage nocturne !
- L'alcool et, bien évidemment, les drogues. Refusez tout net cette « contribution » de copains qui voudraient « s'éclater » !
- Le « Je vais me coucher en laissant le chantier ». Eh non, les filles ! Faire la fête, c'est bien, mais après, il faut ranger, ne serait-ce que pour avoir un jour le droit de recommencer. Et vous verrez, avec deux ou trois copines serviables, c'est presque un bonheur de faire place nette en échangeant les potins sur la soirée !

Saturday night fever

115

SOS
Baby-sitting

Devenir une super baby-sitter
que tous les enfants de la Terre
réclament en deux minutes chrono

SOS
Enfants à garder

Vous sonnez pour la première fois chez une famille dont vous gardez les enfants, et quatre petites têtes blondes vous accueillent en vous regardant bizarrement.

Pas de panique ! Vous allez vous en sortir !

Au secours, j'ai un repas à donner !
Choisissez des plats simples adorés des enfants : pâtes-œuf à la coque, purée-jambon sont des valeurs sûres. Exit le gratin d'épinards et les salsifis !

Quand les parents sont là...

• D'abord, un regard et un sourire aux parents, accompagnés d'une poignée de main ferme, le tout assorti d'un « Bonjour, madame, Bonjour, monsieur » audible. Les parents seront rassurés, les petits verront que vous avez l'approbation parentale.

• Dès qu'on vous présente aux enfants, penchez-vous à leur hauteur. Demandez-leur leur âge et le nom de la poupée, de l'ours ou du camion qu'ils serrent dans leurs bras !

• Si les parents n'ont pas fini de se préparer, proposez aux enfants une histoire ou un jeu. De quoi conquérir le cœur des plus farouches.

• Faites-vous indiquer toutes les consignes. N'hésitez pas à poser des questions, surtout concernant le « rituel » du coucher. Faut-il laisser le couloir allumé ? Y a-t-il un doudou ? Et un dernier biberon de lait avant d'aller au lit ?

children

Quand les parents sont partis...

• Après le départ des parents, si les enfants ont le temps de jouer, découvrez leurs jeux et livres cultes. Ils seront fiers de vous les montrer, surtout si vous vous exclamez d'admiration de temps à autre.

• Vous pouvez aussi leur proposer les jeux préférés de votre enfance : Mikado, un, deux, trois, soleil, Badaboum, cris des animaux ! Évitez malgré tout les jeux où les enfants s'agitent beaucoup, comme les chats perchés et autres batailles d'oreillers (même si un simple Mikado peut virer à la course-poursuite dans la maison !). Enfants énervés, passage du marchand de sable retardé !

• À l'heure indiquée par les parents, aiguillez diplomatiquement les enfants vers leur lit grâce à une histoire et/ou à des chansons.

• Ne vous faites pas trop avoir ! Au bout de dix histoires, vous avez le droit de dire stop !

• N'oubliez pas de suggérer un passage par la case toilettes, surtout si les enfants sont petits.

À éviter

• L'attitude « Filez au lit les mômes, j'ai hâte de regarder mon DVD ».

• Les gronderies (vous n'avez aucun rôle éducatif !).

• Les attitudes passives si un enfant se met en danger (doigts qui s'approchent d'une prise électrique, équilibriste qui grimpe à la fenêtre). Le « non » doit être gentil mais ferme !

• Les gros mots (ils en apprendront assez sans votre apport personnel !).

• Le mépris des consignes pour se faire aduler (allumer la télé interdite, dépasser d'une heure le moment du coucher).

• La bande-son de votre DVD si forte qu'elle réveille les enfants (ou couvre leurs cris en cas de cauchemar).

SOS Bébé

Dring ! On vous ouvre la porte, un bébé dans les bras. Un nourrisson, c'est tout petit et pourtant très impressionnant !
Comment être à l'aise la première fois que vos voisins vous confient le leur ?

Quand vous changez bébé

Gardez une main sur son ventre lorsque vous vous détournez pour attraper une couche ou des lingettes, même s'il vous semble encore trop petit pour gigoter. La chute d'une table à langer est un accident trop fréquent pour les médecins urgentistes.

Mode d'emploi bébé

• Un nouveau-né prend six à huit biberons par vingt-quatre heures : petit appétit, mais qui revient souvent !

• Il dort environ vingt heures par jour : il ne faut pas vous vexer s'il manifeste vite sa fatigue avec vous.

• Il fait pipi (voire plus) après chaque biberon, il faut donc penser à le changer souvent pour lui épargner des rougeurs brûlantes !

• Les muscles de son cou mettent des mois à se fortifier. Quand vous le prenez dans vos bras, votre main doit soutenir sa tête.

• Sur le sommet de son crâne, il y a une zone molle, la fontanelle, qui mettra aussi des mois à durcir. N'appuyez pas dessus et protégez-la de tous les chocs !

• Il doit toujours être couché sur le dos (pour éviter des risques de suffocation).

baby don't cry

Bébé qui pleure

• Il exprime ses besoins par des pleurs. S'il crie, ne croyez pas qu'il vous déteste. Il vous dit : j'ai faim, je suis fatigué, ou encore j'ai mal au ventre. Cette digestion difficile est évidente s'il se tortille. Essayez différentes positions : couché sur votre main qui lui masse l'estomac, debout contre vous pour libérer un rot coincé…

• Un nouveau-né ne comprend pas vos paroles, mais il est sensible à votre ton : stress, cris, voix excitée le paniquent, timbre doux et sourires le détendent !

• Un bébé ne doit jamais être secoué, même par jeu : que tous vos gestes soient doux comme des berceuses…

Mlle Gétoufaux

Pourquoi se compliquer la vie ? Mlle Gétoufaux a rempli le biberon avec du lait de vache. Résultat, le bébé a meuglé pendant des heures. Eh oui, le lait de vache est extrêmeuhhhment mauvais pour l'estomac d'un nourrisson, qui préfère le lait en poudre !

Donner un biberon

• Faites-vous noter sur un papier le dosage en poudre et en eau.

• Le biberon doit être à peine tiède : réchauffez, secouez, testez en versant une goutte sur le dos de votre main.

• Ne goûtez pas le biberon en vous le mettant dans la bouche, vos microbes déménageraient sur la tétine !

• Si le biberon est trop chaud, passez-le sous l'eau froide.

• Pensez à vous faire indiquer la juste « vitesse » (1, 2 ou 3 inscrite sur la tétine : le bon numéro doit être placé sous le nez de bébé).

• Bébé cale au milieu du biberon ? Il a un rot à émettre : tenez-le contre vous à la verticale, marchez un peu, les bulles d'air vont sortir. Renouvelez la manœuvre à la fin du biberon.

• Si bébé ne finit pas son biberon, ne forcez pas et ne vous inquiétez pas. Un nouveau-né ne se laisse pas mourir de faim !

SOS
Enfant malade

Manque de chance, c'est sur vous que cela tombe : pendant que vous le gardez, l'enfant se blesse, il a une poussée de fièvre, il se coince un doigt dans la porte... SOS premiers gestes !

Zen !

Une manifestation d'angoisse de votre part empirerait largement la situation. Devant un bobo critique, même si vous n'en menez pas large, parlez doucement, rassurez, répétez que les parents vont bientôt arriver. Pourquoi ne pas tenter une histoire ou une chanson ? Cela fera passer le temps, pour l'enfant comme pour vous.

Petits bobos

• Si c'est une bosse sans conséquence : soufflez dessus pour rassurer l'enfant. Ne fouillez pas l'armoire à pharmacie à la recherche d'une pommade : seuls les parents peuvent donner des médicaments, même anodins !

• Si c'est une écorchure : lavez doucement, demandez aux parents par téléphone s'ils ont un désinfectant (en les rassurant sur la taille de l'égratignure pour qu'ils ne se sentent pas obligés d'écourter leur soirée !). Ajoutez un sparadrap pour assécher le sang (et surtout rasséréner l'enfant).

• Si l'enfant s'est coincé les doigts dans une porte : ouille ! Plongez-lui la main dans de l'eau très froide ou des glaçons (le froid atténue la douleur). Ne le laissez pas geler quand même ! S'il saigne, rincez la plaie et couvrez-la d'un pansement.

• Si c'est une blessure plus grave (front entaillé, arcade sourcilière qui saigne fort) : en attendant l'arrivée des parents, compressez la plaie avec un gant de toilette.

just for them

38,5°

• Si vous sentez en déposant vos lèvres sur son front que l'enfant est vraiment chaud, faites-le boire, découvrez-le, veillez à ce que le chauffage ne soit pas trop fort.

• Prenez la température avec un thermomètre et, si elle est supérieure à 38,5°, appelez les parents et demandez-leur si vous pouvez donner une dose de paracétamol pour enfants (ils en ont sûrement dans leurs placards). Mais ne prenez en aucun cas l'initiative toute seule ! L'enfant peut être allergique à certains produits et le remède serait alors pire que le mal !

Chouette, du vomi !

• Si l'enfant vomit : changez ses vêtements, lavez-le en douceur, consolez-le.

• Proposez-lui un tour aux toilettes s'il a encore mal au cœur.

• Demandez aux parents par téléphone où sont les draps de rechange pour lui refaire un beau lit tout propre. Mettez les draps souillés dans la corbeille de linge sale.

• Bon courage pour passer l'éponge si l'incident n'a pas eu lieu dans le lit....

• Avant de recoucher l'enfant, placez une bassine au pied de son lit.

• Ensuite, lavez-vous soigneusement les mains : s'il s'agit d'une gastro-entérite, vous pouvez éviter la contagion par ce geste simple.

Allô maman bobo

• Si le bobo est vilain, si la fièvre semble forte, appelez vite les parents pour les prévenir. Une super baby-sitter n'est pas une superstar d'*Urgences* !

• Si les parents sont injoignables et que l'accident est grave (perte de connaissance, blessure ouverte, électrocution, empoisonnement avec un produit ménager), appelez le Samu (15) ou les pompiers (18).

Hurlements ou apathie

Après une chute, les hurlements doivent vous rassurer : l'enfant a gardé sa vigueur normale. En revanche, s'il tombe sur la tête et ne réagit pas (apathie, blancheur, regard absent), appelez immédiatement les parents et le Samu. Le cerveau n'aime pas les chocs !

Mlle Gétoufaux

Mlle Gétoufaux ne supporte pas la vue du sang. Quand le petit dernier s'est écorché le genou, elle s'est évanouie ! Heureusement que l'aîné était là pour soigner son petit frère et veiller sur la baby-sitter...

SOS
Indélicatesses

Vos employeurs n'ont pas respecté les règles du baby-sitting. Eh non, on ne vit pas dans un monde idéal, d'où sont exclues mesquinerie et avarice. Comment réagir ?

Mauvais payeurs

• « On n'a pas de liquide, on vous paiera la prochaine fois. » Si vous ne connaissez pas bien vos employeurs, ça sent l'arnaque : ils ne vous rappelleront peut-être jamais. Demandez-leur si vous pouvez plutôt passer dans la semaine (« Je comptais sur cette somme pour mercredi »). Et l'air de rien, faites-vous accompagner par votre grand frère ou par autre témoin sérieux !

• « Voilà 30 euros » (alors qu'ils vous en devaient 36). Sglourp ! C'est dur de rectifier. Faites-le avec délicatesse (« Excusez-moi, mais je suis normalement payée 6 euros de l'heure et j'ai compté six heures » (une heure entamée étant due).

• Mais si les parents reviennent cinquante-cinq secondes après l'heure entamée, c'est bien de votre part de refuser qu'ils vous la règlent…

Mesquinerie

• Évitez les « compensations » que vous vous octroyez vous-même puisqu'ils vous ont mal payée la dernière fois, comme utiliser leur téléphone pour appeler votre copine aux États-Unis pendant deux heures. Dans les cas de litige, soyez correcte jusqu'au bout des ongles !

be carefull

Frigo vide

• Hélas ! Ni glaces, ni gâteaux, ni gâteries ne remplissent le réfrigérateur…

• Rappelons que ce n'est pas une obligation pour les parents de remplir leurs placards de bonbons à l'attention de la baby-sitter.

• Néanmoins, s'ils vous ont fait venir tôt, ils doivent avoir prévu votre dîner.

• S'il n'y a rien à manger, faites-vous des pâtes, du riz, ou ce que vous trouverez à vous mettre sous la dent.

• La prochaine fois, rappelez les règles au préalable (« Je n'aurai pas dîné ; je peux prévoir de le faire chez vous ? »).

Baby-sitter ou femme de chambre ?

• Si des employeurs grossiers vous demandent de faire du ménage, refusez sans scrupule. Ce travail n'entre pas dans vos attributions.

• En revanche, si vous faites dîner les enfants (ou si vous dînez vous-même), il est normal de desservir, de faire la vaisselle… et apprécié de passer l'éponge par terre si le petit dernier a éternué la bouche pleine.

• Et la palme d'or reviendra à celle qui lavera la poêle que les parents pressés auront laissée par mégarde dans l'évier. C'est facultatif, mais pas dégradant, et surtout très bien vu. C'est sûr, on vous redemandera !

À éviter

• Je laisse les enfants sans surveillance pour aller acheter un doggy-bag au fast-food, et je présente la note aux parents.

• Devant un réfrigérateur bien garni, j'engloutis une boîte de caviar, une autre boîte de chocolats de luxe, six cônes, quatre petits pots sucrés du bébé et quelques autres douceurs.

SOS Linge

Devenir la reine du linge impeccable
et le pire cauchemar des taches
en deux minutes chrono !

SOS Lavage

La corbeille à linge déborde et votre jean préféré
est dedans. Vous décidez de faire tourner
la machine à laver toute seule comme une grande.
Quelques précautions d'usage s'imposent...

Éviter brûlures et grisaille !

Laver un chemisier fragile à 60°, c'est fusiller son étoffe. Mais laver un drap blanc à 30°, ce n'est pas l'idéal non plus : au bout de quelques lavages, le drap perd son éclat et devient vaguement gris ! À chaque tissu sa température !

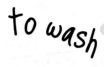

Faire les poches
• Vérifiez toutes les poches : calots du petit frère, barrettes de la petite sœur, mouchoirs de papa, mots doux d'Édouard et autres passagers clandestins sont à exclure !

Tout à l'envers
• Retournez les pantalons (les traces de lessive, fréquentes, ne marqueront que l'envers).

Tri du linge
• Isolez vos collants fins dans un filet (ou à l'intérieur d'un vieux bas) : vous leur éviterez d'être filés par vos attaches de soutien-gorge ou écartelés par le poids du linge.
• Ne lavez ensemble que des couleurs similaires. Votre jupe rouge au milieu de vos chemises blanches relookerait immédiatement toute votre garde-robe dans les rosés délavés !

• Choisissez la température : 30° pour les textiles délicats (pulls en acrylique, soutiens-gorge, collants), 40° pour les couleurs (chemisiers, tee-shirts, pantalons), 60° pour le coton clair et résistant (chemises blanches, culottes, serviettes de toilette), 90° pour les textiles à toute épreuve (draps blancs, alèses).

Étiquettes

Pour vous aider dans votre quête de la propreté absolue, vous avez des amies : tous les vêtements portent des étiquettes qui précisent les conditions souhaitables de lavage. Encore faut-il savoir les déchiffrer !

 Vêtements qui se lavent à la main dans l'eau pas trop chaude (30 °C), sans les tordre ni les frotter comme une forcenée, ou dans le programme « main » si votre lave-linge en a un.

Vêtements qui se lavent à la machine à la température indiquée sur l'étiquette. Facile !

Vêtements qui se lavent en programme coton, à 30°C, et s'essorent normalement.

Vêtements qui se lavent au programme synthétique avec un essorage (c'est quand la machine tourne pour débarrasser le linge de l'eau) peu rapide.

Pareil, sauf que c'est le programme coton (vous suivez ? Eh oui, la vie de lavandière n'est pas de tout repos !).

Vêtements qui vont au sèche-linge.

Pas de sèche-linge !

Sèche-linge à basse température.

Sèche-linge à haute température.

Ne pas utiliser de dérivé chloré comme l'eau de Javel. Nettoyage à sec interdit.

Dry only ou nettoyage à sec (moyen mnémotechnique : p comme pressing).

Où mettre quoi ?

Reste l'épineux problème de la lessive. Où la mettre ?
• **Option 1** : vous avez des tablettes ou des dosettes de lessive liquide. Vous pouvez les déposer directement dans la machine, au cœur du linge.
• **Option 2** : vous avez de la lessive en poudre ou liquide. Remplissez le petit godet de la quantité nécessaire à un lavage. Ouvrez le tiroir de la machine. En général, il est composé de trois compartiments : celui de gauche, c'est pour le prélavage. Si votre linge est très sale, mettez-y un peu de lessive. Au milieu, c'est la case lavage : versez-y votre lessive. Le troisième compartiment est réservé à l'assouplissant, qui adoucira et parfumera votre linge, si vous le souhaitez. Dans le cas d'un programme laine, mettez directement la lessive dans le compartiment lavage.

Conseil de pro

Lancez votre première machine avec votre mère à côté de vous. Elle est habituée à cette tâche (à moins que ce ne soit votre père. Nous ne voulons pas faire de sexisme primaire !) et connaît tous les secrets du lavage réussi à la perfection !

SOS Repassage

Vous partez pour un entretien et le pantalon que vous aviez prévu
de mettre ressemble à un chiffon...
Vite, un petit coup de fer magique pour lui rendre toute son élégance !

Pssssscht, psssscht !
• Humectez le pantalon à l'aide d'un spray que vous aurez vidé
de son contenu initial (liquide pour les vitres ou anti frisottis
pour vos cheveux) et rempli d'eau.

Réglages
• Regardez le sigle inscrit sur l'étiquette du vêtement pour
régler le bouton du fer : tiède, chaud, très chaud.
• Mettez de l'eau déminéralisée dans votre fer et laissez-lui le
temps de chauffer (sa lumière s'éteint lorsqu'il atteint la bonne
température). Pendant ce temps, retournez le pantalon et dis-
posez-le sur la table.

À l'attaque !
• Commencez par le bas d'une jambe, en appuyant bien sur
l'ourlet et les coutures. Remontez. Avec l'autre main, tirez fortement le tissu en avant du fer : c'est le secret pour éviter les
plis !

To iron

• Ensuite, occupez-vous de la seconde jambe, puis du haut (en enfilant le haut du pantalon sur l'extrémité fine de la planche, c'est plus facile).

• N'hésitez pas à utiliser le jet de vapeur du fer pour mater un pli qui aurait nargué votre vigilance.

Dans l'ordre

• Pour un chemisier : col, manches, premier pan du devant (repassez les boutons à l'envers, n'oubliez pas la zone de l'épaule), dos (à l'envers aussi. En tirant fort sur le bas du chemisier pour préparer la route du fer, marquez bien le pli central, de haut en bas), second pan du devant.

• Pour un tee-shirt : manches, ventre de bas en haut, dos.

• Et le linge de maison ? Inutile de repasser les draps-housses, il vaut mieux repasser les taies et housses de couette (au moins rapidement, pour éviter l'aspect « paquet de linge sale »).

• Inutile de repasser les chiffons de ménage ; il vaut mieux repasser les torchons (même si ce ne sont pas des serviettes !), les nappes et les susdites serviettes.

À éviter

• **Laisser les boutons de rechange cousus sur l'envers des vêtements,** ils risquent de marquer l'endroit au repassage.

• **Remplir le fer avec de l'eau du robinet (même pour les fers prétendument tolérants).** Le calcaire bouche le fer. Achetez un bidon d'eau déminéralisée au rayon entretien des supermarchés.

• **Oublier le fer sur votre chemisier quand votre meilleure amie vous appelle au téléphone.**

Les sigles du fer

⊠ Pas de repassage !

▭ Repassage à fer un peu chaud (110 °C) comme pour la soie, l'acrylique…

▭ Repassage à fer chaud (150 °C) comme pour la laine et le polyester.

▭ Repassage à fer bien chaud (200 °C) comme pour le coton et le lin.

SOS Taches

Une amie a renversé son coulis de framboises sur votre robe, vous vous êtes assise sur un chewing-gum frais. Rassurez-vous. Il n'y a (presque) pas de tache qui résiste !

Cambouis

Même si vous n'êtes pas apprentie dans un garage, il peut vous arriver de vous asseoir sur du sable pollué par une galette de pétrole. Pour récupérer votre joli maillot, étalez-y du jaune d'œuf, laissez agir deux heures, grattez, rincez, lavez. L'Eau écarlate® est aussi très efficace.

De toutes les couleurs

• Tache de coulis de framboises et autres fruits rouges : lavez avec de l'eau savonneuse, imbibez de lait la tache qui reste, laissez agir deux heures, rincez, lavez en machine.

• Tache d'encre : faites tremper deux heures dans du lait avant de laver. Autant vous le dire tout de suite, l'encre rouge est très tenace, voire impossible à faire disparaître !

• Tache d'herbe : lavez à l'eau très chaude. Si la tache verte est ancienne, imbibez-la de jus de citron avant de rincer.

• Tache de sang : essayez avec votre salive (si c'est une tache de votre sang, les enzymes de votre salive peuvent la neutraliser). Sinon, tamponnez à l'eau oxygénée diluée.

• Tache de vin : au moment même où votre père renverse son verre sur la nappe, précipitez-vous sur la salière et versez du sel pour absorber le maximum de liquide. Par la suite, avant de laver la nappe, posez-la sur une cuvette, la tache vers le haut et versez du lait bouillant dessus.

• Tache de transpiration : attaquez au vinaigre pur (pas le vinaigre rouge de vin, du vinaigre blanc, s'il vous plaît !). Attention : pour les tenues de soirée en tissu fragile comme la soie, mieux vaut ne pas essayer de gommer vos auréoles vous-même. Adressez-vous à un teinturier.

Ça colle !

• Chewing-gum : mettez le vêtement dans un sac en plastique au congélateur pendant une heure et grattez la gomme durcie.
• Colle : rincez à l'eau et au savon, frottez, rincez de nouveau.
• Cire de bougie : posez un mouchoir sur la tache, appliquez le fer à repasser. La chaleur va faire fondre la cire qui sera absorbée par le mouchoir.

Détachants

Il existe aussi dans le commerce des détachants multi usages qui se présente en bombes aérosols ou en bouteilles. Ils peuvent être très efficaces sur des taches banales mais, pour les salissures spécifiques, rien ne vaut les remèdes que nous venons de vous donner !

Champagne !

Dans un mariage, un invité maladroit renverse sa coupe sur votre belle robe ! Pas de panique, le champagne ne tache pas et part à l'eau sur tous les vêtements !

SOS Pulls

Vous avez un ou deux pulls à laver ? Faites-le à la main, ce sera plus rapide (et écologique) que de lancer une machine presque vide sur le programme laine.

Mlle Gétoufaux

Mlle Gétoufaux a posé son étendoir sur du parquet. L'eau des pulls a formé une mer intérieure pour le bateau Playmobil du petit frère. Après Mlle Gétoufaux, le déluge !

À éviter

• L'eau trop chaude, les variations de température entre lavage et rinçage : les pulls déteignent et rétrécissent.
• Le séchage en plein soleil (qui fait passer les couleurs).
• Le lavage deux heures avant de partir en soirée (un pull épais peut mettre jusqu'à deux jours à sécher).
• Un tour au sèche-linge pour aller plus vite. Effet rétrécissement garanti ! Vous vous retrouverez avec une brassière pour bébé !

Avant le plongeon

• Remplissez une bassine d'eau tiède, presque froide. Vous pouvez aussi travailler directement dans le lavabo (propre !).
• Saupoudrez de lessive pour linge délicat (sans forcer la dose : l'eau doit à peine mousser, ou le rinçage sera un travail d'Hercule).

Plouf !

• Au bain les pulls ! (S'ils sont respectivement blanc et orange pétard, la mixité est interdite).
• Massez légèrement, surtout aux endroits les plus sales (poignets, aisselles, col roulé), sans pétrir comme un boulanger musclé !
• Ne laissez pas tremper trop longtemps, surtout les couleurs vives.
• Rincez dans un bain d'eau claire. Deux fois valent mieux qu'une.

Finish impeccable

• Essorez délicatement sans tordre. Suspendez sur une barre assez large pour ne pas marquer un pli dans la laine (type étendoir). N'employez pas de pince à linge.
• Posez l'étendoir dehors à l'ombre ou dans une baignoire, mais pas sur un sol fragile : vos pulls vont rendre beaucoup d'eau !
• Si vous avez de la place, l'idéal est malgré tout de les faire sécher à plat sur une serviette-éponge.

Vos vêtements sont propres et repassés,
vos pulls fleurent bon la lavande.
Mais vos chaussures ! Toutes crottées,
pas cirées, elles font peine à voir.
Un peu d'huile de coude, mesdemoiselles !

SOS Chaussures

On frotte !

• Essuyez vos chaussures avec un chiffon sec.
• Si vous découvrez une tache sous la couche archéologique de poussière, humectez le chiffon, caressez sans gratter, séchez vite.

Cirage

• Attrapez le cirage (myopes et distraites, attention, le bleu marine n'est pas du noir !).
• Si vos chaussures sont camel et que vous ne trouvez pas la couleur adaptée, prenez le cirage incolore plutôt que le brun foncé.

Mode d'emploi

• S'il s'agit d'un cirage liquide avec tampon applicateur, la manœuvre est simple : promenez le tampon sur la chaussure en appuyant doucement (le cirage doit sortir, mais pas en gros paquets).
• Insistez sur l'avant de la chaussure, la zone la plus sale et la plus râpée.
• Contournez soigneusement les lacets, l'étiquette et autres accessoires décoratifs.
• Ne cirez pas les bords de la semelle !
• Si vous avez un pot de cirage traditionnel, appliquez la pâte avec un chiffon, sans en mettre trop (gare aux pâtés qui se transforment en croûtes au séchage).

Faut qu'ça brille !

• Pour finir, laissez sécher (filles trop pressées, gare à la peinture fraîche sur les bas des pantalons !).
• Et passez un ultime coup de chiffon propre pour faire briller.

Et quand ce n'est pas du cuir ?

• Si vos chaussures sont en daim, surtout pas de cirage cuir : achetez une bombe spéciale !
• Si elles sont en plastique, un coup d'éponge (propre) et de chiffon suffit.
• Et les ballerines en tissu et autres espadrilles apprécient l'eau savonneuse pour retrouver leur éclat !

SOS Bobos

Devenir l'infirmière en chef à qui aucun bobo ne résiste en deux minutes chrono !

SOS Plaie

Vous pleuriez à fendre l'âme en épluchant un oignon,
votre vue s'est brouillée, le couteau a dérapé,
et vous voilà avec un doigt (un chouia) ent-aïe !-llé. Que faire ?

Mlle Gétoufaux

Mlle Gétoufaux s'est entaillé l'oreille en se coupant les cheveux toute seule (elle fait vraiment n'importe quoi, cette demoiselle !). Comme elle saignait beaucoup, elle s'est dit que c'était une bonne occasion pour donner son sang, ce qu'elle a proposé en arrivant à l'hôpital. Les infirmières l'ont regardé avec de grands yeux. Sur quelle planète vit-elle, Mlle Gétoufaux ?

bloody

Gestes qui pansent

• Nettoyez à l'eau (serrez les dents, ça picote !).
• Dénichez un désinfectant. Rien ne vous oblige à choisir une solution brune ou écarlate… Il existe des lotions transparentes plus discrètes !
• Tamponnez, serrez de nouveau les dents… ça picote encore.
• Couvrez d'un pansement. N'oubliez pas d'enlever le spara-drap dès que possible pour que la coupure sèche et cicatrise.

Entailles profondes

Il existe des pansements qui resserrent les bords d'une plaie et évitent une cicatrice voyante. Renseignez-vous en pharmacie. Toutefois, si la plaie est profonde avec des bords ouverts, si elle se situe dans une zone où affleurent des nerfs (par exemple les tendons de la main), il faut aller aux urgences pour vous faire recoudre.

Le bel Édouard a voulu vous initier au foot, mais un (petit) coup reçu sur le nez vous a fait quitter le terrain en maudissant ce sport de rustres. Pin-pon, ça saigne !

SOS
Saignement de nez

Hémorragie nasale

• D'abord, gardez votre calme. Le stress augmente la pression artérielle et donc le débit sanguin. Autrement dit, plus vous stressez, plus vous saignez.

• Battez-vous contre un réflexe naturel qui consiste à pencher la tête en arrière. Ravaler votre sang ne servirait qu'à provoquer des nausées. Au contraire, asseyez-vous et penchez la tête en avant.

• Mouchez-vous doucement pour évacuer les caillots de sang éventuels qui entretiennent un saignement.

• Mettez-vous dans la narine un bout de mouchoir propre (ou, mieux encore, un tampon « hémostatique » spécialement conçu pour arrêter les saignements).

• Comprimez légèrement la narine pour que le tampon absorbe bien le sang de la muqueuse.

• Restez assise quelque temps pour retrouver toute votre tranquillité et accélérer la cicatrisation.

Je saigne très souvent !

Même si vos saignements de nez ne sont pas une maladie, il faut consulter un ORL (un médecin spécialiste de l'oto-rhino-laryngologie, répétez dix fois très vite) si leur fréquence est gênante. Il existe des solutions à ce problème.

SOS
Bleu et bosse

Votre frère a laissé ouvert le placard mural de la cuisine. Sans vous prévenir, bien sûr, ç'eût été trop beau. Bing ! Vous prenez le coin en plein front. Bosse à l'horizon !

L'arnica, c'est quoi ?

Il s'agit d'une plante à partir de laquelle l'homéopathie a créé une formule (donc sans risque d'effet secondaire). Elle existe en granules ou en gel à appliquer généreusement sur la peau (moins pratique si la bosse se situe sur le cuir chevelu ! Interdit si la bosse se double d'une plaie ouverte). Les médicaments homéopathiques s'achètent en pharmacie, sans ordonnance (un tube de granules coûte 1,80 euro environ).

Ça bosse !

• Reprenez quelques jurons d'un célèbre capitaine de BD (c'est apaisant).
• Massez votre front endolori dans votre paume quelques instants (le temps de sentir pousser la bosse comme un terrier de taupe en formation).
• Allez voir dans la trousse à pharmacie familiale : l'idéal serait de trouver de l'arnica. Avalez quelques granules ou massez-vous la bosse si l'arnica est sous forme de gel.

Ça refroidit !

• Vous pouvez aussi appliquer des glaçons sur la bosse pendant quelques minutes ; le froid endort la douleur et resserre les vaisseaux sanguins.
• Si votre bosse a viré au bleu flashy et que vous souhaitez éviter l'effet « gyrophare », maquillez-la doucement d'un produit anti-cernes.

Blue

Vous voilà enrhubée. Bince alors !
Vous bontez sur les planches debain
soir avec votre club de théâtre
(et vous avez le prebier rôle).
Y a-t-il une solution rapide, docteur ?

SOS
Rhume

Cache-nez et cachets

• Couvrez-vous la gorge s'il fait froid (col roulé, écharpe) pour éviter les extinctions de voix qui accompagnent souvent les nez bouchés.

• Achetez des comprimés contre le rhume (en pharmacie, sans ordonnance). Si vous avez la tête lourde, demandez une formule à base de paracétamol qui combat aussi les maux de tête.

• En complément, vous pouvez acheter une solution de lavage nasal (fluidifiant précieux si votre nez est complètement bouché) et un sirop contre la toux (grasse ou sèche, à vous de le préciser à votre pharmacien).

• Respectez les doses prescrites. N'avalez pas la boîte de comprimés entière pour guérir plus vite !

• Faites-vous une tisane généreusement mélangée à du miel et du citron, ou un lait de poule, pour préserver votre voix.

Autres remèdes

• Les inhalations sont aussi un remède classique efficace. Mais évitez une visite d'Édouard à ce moment : affalée, les coudes sur la table de la cuisine, la tête sous un torchon, on n'est pas au top de son charme !

• Mouchez-vous avec des mouchoirs doux : l'usage répété de l'essuie-tout familial vous ferait flamboyer le nez !

• Si les symptômes persistent, consultez votre médecin.

Un lait de poule ?
Beurk !

C'est un savoureux remède d'aïeule, pas un produit de basse-cour !

• Mettez un jaune d'œuf dans un bol.

• Ajoutez du lait brûlant en remuant vite.

• Une bonne douche de sucre vanillé.

• Une cuillère à café de rhum (pas plus, hein !).

• Remuez bien et buvez très chaud.

SOS
Mal de tête

Vous sortez d'un contrôle et la « prise de tête » intellectuelle a déteint sur votre physique : votre crâne est douloureux comme une usine en surchauffe...

Qu'est-ce qu'une migraine ?

• C'est une violente douleur qui ne touche parfois que la moitié du crâne (d'où le mot mi-graine).
• Elle s'accompagne de nausées et/ou d'une cruelle intolérance à la lumière.
• Elle peut durer jusqu'à trois jours.
• Elle revient régulièrement (chez les filles, souvent au moment des règles).
• Elle a ses remèdes, mais pas de miracle, hélas ! N'hésitez pas à consulter un neurologue.

Médicaments

• Les plus courants sont l'aspirine et le paracétamol (délivrés sans ordonnance), mais il en existe une liste interminable, à donner des céphalées aux pharmaciens ! Si l'un d'eux ne vous fait pas d'effet, essayez une autre molécule la prochaine fois.
• Avez-vous faim ? Beaucoup de maux de tête sont dus à un simple creux dans l'estomac ! Courez au self, un repas équilibré vous guérira peut-être.
• Les règles et leur charivari hormonal peuvent aussi vous offrir un bon mal de tête. Si c'est le cas, préférez le paracétamol à l'aspirine qui fluidifie le sang.

headache

Vous vous faisiez une fête de partir en shopping avec les copines, mais vous voilà recroquevillée sur votre lit, les mains contre votre ventre douloureux. Que faire ?

SOS
Mal de ventre

Tous les mois

• Si vous avez vos règles, le mal de ventre est dû aux contractions de l'utérus lorsqu'il expulse l'ovule. Vous trouverez en pharmacie de quoi soulager la douleur si elle est vive.

• Mais les meilleurs remèdes sont encore la patience et le sourire. Apprenez à cohabiter avec ces sensations pénibles pendant un ou deux jours. Courage, le shopping vous fera penser à autre chose !

Problèmes de tuyauterie

• Peut-être avez-vous mangé trop vite, ou trop tout court, ou trop de sucreries (Ah ! Ces œufs de Pâques en chocolat avalés les uns après les autres !). Dans ce cas, allongez-vous et attendez que digestion se fasse, avec une bonne petite tisane si le cœur vous en dit !

• La diarrhée : pour combattre ce mal de ventre aux manifestations gênantes, prenez du charbon (pas dans le barbecue, en pharmacie). Complétez par un régime alimentaire approprié : riz blanc sans modération, carottes bouillies, bananes, compotes bien cuites.

• La constipation : pour les ventres douloureusement noués, rien de tel que des légumes verts (haricots, épinards), des fruits crus bien mûrs, des oranges pressées et des pruneaux !

Thé sans sucre... et sans eau !

Beurk, un sachet de thé éventré et avalé tout sec à la petite cuillère n'entre pas dans les règles d'un *distinguished « Five o'clock tea »*. Mais il aide à lutter contre une bonne diarrhée.

SOS
Coup de soleil

Août est là. Vous avez bavardé des heures avec une amie au bord de la piscine. Bing ! Le soleil vous a matraquées. Conseils pour passer la meilleure nuit possible...

L'insolation

En plus d'une peau cuisante, vous avez une forte fièvre et un violent mal de tête ? Ce sont les symptômes de l'insolation. Prenez une longue douche aussi froide que possible pour « éteindre » l'incendie cutané. Laissez sécher l'eau sans l'essuyer : pour s'évaporer, elle va capter les calories de votre corps, ce qui fera baisser votre température. Buvez beaucoup pour vous réhydrater. Et restez à l'ombre les jours qui suivent !

De la fraîcheur !

• Sortie de votre douche (ô la caresse de l'eau sur le gril !), appliquez généreusement du lait après-soleil sur toute la zone écarlate.

• Mieux encore, massez à la Biafine® (une pommade grasse délivrée sans ordonnance en pharmacie. Vous avez de la chance, elle sent bon !).

• Renouvelez le massage avant de vous coucher, le lendemain au réveil et les jours suivants.

• Ne retournez surtout pas à la piscine le lendemain (même couverte de crème solaire) ! Préférez l'ombre des arbres.

• Quand la peau brûlée pèlera, ne grattez pas pour la faire partir plus vite. Et protégez votre peau neuve, ne l'exposez plus imprudemment…

sun is shining

Le capital solaire

C'est un certain nombre d'heures d'exposition au soleil dans votre vie, au-delà duquel les cellules de votre peau ne résisteront plus aux brûlures. D'où l'importance de vous protéger au maximum. Une bonne protection par la crème solaire pendant l'enfance et l'adolescence diminue de 60 % le risque de cancer de la peau. Alors même si le bronzage c'est tendance, la santé, c'est primordial !

Votre copine pousse un cri : casserole bouillante ou huile de friture, fer à repasser ou produit détergent, elle vient de se brûler. Comment l'aider ?

SOS Brûlure

Premiers gestes

- Si la brûlure a été causée par une flamme, pensez d'abord à neutraliser la source de chaleur.
- Si la brûlure est de source électrique (court-circuit, par exemple), coupez le courant.
- Si la brûlure est superficielle, contentez-vous de l'arroser à l'eau froide pendant au moins cinq minutes.
- Faites enlever à votre amie bijoux ou montre qui se trouvent sur la zone brûlée et pourraient la gêner si la peau enfle.
- Oubliez les remèdes de grand-mère (le beurre, l'huile, le vinaigre) qui ne font que favoriser les infections sans guérir la douleur. Et préférez la Biafine®.
- Couvrez éventuellement d'un pansement stérile à changer souvent.

Brûlures importantes

- S'il s'agit d'une brûlure chimique (par exemple, votre amie a reçu du produit acide sur le corps), rincez abondamment.
- S'il s'agit d'une brûlure profonde, étendue (c'est-à-dire plus large qu'une demi-paume de la main), si vous constatez des difficultés respiratoires, appelez vite le Samu (15) ou les pompiers (18).
- En attendant l'arrivée des secours, mettez votre amie en position semi-allongée pour l'aider à se détendre et à respirer. Couvrez sa brûlure d'un drap imbibé d'eau.

Une douleur à trois degrés

- Une brûlure au premier degré est superficielle, légèrement douloureuse. La peau est rouge (par exemple, un petit coup de soleil)
- Une brûlure au deuxième degré, plus sévère, est reconnaissable à l'apparition de cloques (les gros coups de soleil en font partie).
- Une brûlure au troisième degré est plus grave encore. La peau boursouflée devient blanche, grise ou noire. Une greffe peut s'imposer.

À éviter

- **L'application de coton hydrophile (il colle à la peau brûlée).**
- **Les tentatives pour enlever des vêtements qui collent à la brûlure.**

SOS
Piqûres d'insectes

Vous savourez un melon frais à l'ombre des platanes en écoutant striduler les cigales lorsqu'un insecte vient vous faire une piqûre de rappel : il n'y a pas que les filles qui vivent dehors en été...

En cas de piqûre dangereuse

- Si vous êtes allergique ou si vous avez avalé l'insecte avec votre bouchée de melon, appelez le Samu (15) ou les pompiers (18).
- Si vous vous découvrez une tique, il faut l'enlever entière. À la pince à épiler, vous avez toutes les chances de la casser en deux : allez voir un pharmacien, il a un instrument spécial. Désinfectez et vérifiez pendant trois semaines que la rougeur ne s'étend pas.
- Dans tous les cas de piqûre, vous pouvez prendre du paracétamol pour atténuer la douleur et prévenir une poussée de fièvre.

Picoti, picota

- Examinez votre piqûre. Si c'est celle d'un moustique, il n'y a rien d'autre à faire que de ne pas vous gratter, pour ne pas exacerber la démangeaison.
- Si le dard est resté fixé dans la peau, l'idéal est d'emprunter une cigarette à oncle Raymond (car vous ne fumez pas, bien sûr, et vous avez mille fois raison).
- Allumez la cigarette et maintenez-la à 1 cm de la piqûre pendant quelques minutes. Vous entretenez ainsi une température de 60° qui inactive le venin.
- Enlevez le dard à la pince à épiler.
- Nettoyez à l'eau et au savon, tamponnez avec un désinfectant.

Conseil de pro

Broussardes aguerries qui randonnez tous les été faites-vous offrir un Aspi-venin. C'est une seringue dont l'embout de plastique pompe le venin des insectes (ou des serpents !). Il faut agir immédiatement, tant que le venin est encore concentré à l'endroit de la piqûre.

Éternuements en chaîne, crise d'asthme, yeux changés en fontaines, eczéma qui vous transforme soudain en princesse Peau-Rouge... Et si vous veniez de vous découvrir une allergie ?

SOS Allergie

Déclaration

• Ne pensez pas : « Si j'étais allergique, je le saurais depuis l'enfance. » Certains terrains allergiques se révèlent à votre âge.

• Toute réaction bizarre de votre corps (peau qui rougit sous un cosmétique, éternuements par dizaines au printemps, intolérance à la présence d'un animal) doit vous inviter à consulter un allergologue.

• Il vous prescrira un traitement médicamenteux tel que le Zyrtec®.

Prévenez, s'il vous plaît !

• Si vous vous connaissez des allergies alimentaires, prévenez les amies qui vous invitent pour éviter des « repas-cata ».

• N'oubliez pas que certains aliments contiennent des traces d'allergènes, minimes mais suffisantes pour mettre le feu aux poudres. En général, la liste des ingrédients les signale (avec des formules su type : « En raison de son lieu d'élaboration, ce produit peut contenir des traces de soja et de moutarde »).

Mlle Gétoufaux
L'allergologue lui a découvert une allergie classique au pollen de bouleau. Cela vous étonne ? Nous, pas du tout !

La consultation chez un allergologue

Pour dépister les allergènes auxquels vous êtes sensible, le médecin trace un damier sur votre bras. Dans chaque carré, il fait une (minuscule) injection qui simule produits alimentaires, pollen, acariens. Là où votre peau rougit, le coupable est démasqué ! Vous pourrez alors envisager des précautions, voire un traitement de désensibilisation si l'allergie vous gêne dans votre vie quotidienne.

Attention danger !

En cas de réaction allergique très violente (vous avalez une bouchée de céleri et votre gorge se met à enfler), appelez le Samu (15). Une allergie sévère peut dégénérer en œdème et vous empêcher de respirer.

SOS Ébriété

Un réveillon un peu trop arrosé. Une copine qui prend sa première « cuite » pour fêter le 1ᵉʳ janvier. Elle n'aura pas de cette soirée un souvenir très précis… vous, si !

À éviter

À votre amie (qui ne peut plus l'éviter elle-même)…

• Monter sur son scooter, « emprunter » la voiture des parents (« J'ai commencé la conduite accompagnée et je maîtrise ! »), et même se promener à pied toute seule.

• Approcher un garçon de trop près, surtout s'il est ivre comme elle. Les flirts en état d'ébriété sont dangereux (risque de relations sexuelles non voulues).

Dégrisement

• Si votre copine perd les pédales, commencez par l'éloigner du buffet et de ses bouteilles.

• Si elle commence à raconter n'importe quoi ; à draguer cinq garçons à la fois ; à faire du strip-tease devant un sixième ; à hurler des insultes par la fenêtre ; à vouloir casser la vaisselle comme un Cosaque éméché…

• … essayez de la calmer, en faisant alliance avec plusieurs copines. Tentez de la convaincre qu'elle doit rentrer chez elle. Raccompagnez-la, elle ne peut pas repartir seule.

• Si elle vomit… Hélas, prenez des serpillières et nettoyez à fond (sans compter sur son aide).

• Si elle s'affaisse par terre pour rendre le contenu de son estomac, ne la laissez pas sur le dos (elle pourrait s'étouffer), tournez-la sur le côté.

• Passez-lui une serviette imbibée d'eau froide sur le visage, faites-la boire (de l'eau !).

• Si elle perd conscience (pâleur, apathie), appelez le Samu (15) pour coma éthylique, et prévenez ses parents.

• Et… bonne année malgré tout !

Les bleus, on les a parfois à l'âme. Docteur, quel baume appliquer sur la plaie des déprimes ? Quel antidote contre le venin du cafard ? Quel remède contre la brûlure d'un chagrin d'amour ?

SOS
Mal de vivre

Pansement amical

• Ne vous enfermez pas dans votre coup de blues. Confiez-vous à votre meilleure amie, voire à plusieurs copines.

• Offrez-vous le soulagement de pleurer (surtout s'il s'agit d'un chagrin d'amour, qu'on ne guérit pas en un jour).

• Mais sachez ensuite accepter un mouchoir pour étancher vos larmes. Si vous semblez inconsolable, vos amies risquent de s'éloigner, impuissantes…

• Laissez-les vous distraire, vous emmener au cinéma, vous entraîner dans leur shopping, vous inviter à une soirée pyjama, même si vous n'avez pas le cœur à rire.

• Acceptez qu'elles vous disent la vérité sur vous-même : vous êtes super ! À l'adolescence, on se dévalorise cruellement. Regardez-vous à travers les yeux des autres !

• Pourquoi ne pas essayer une nouvelle coiffure, un look différent, pour laisser derrière vous les complexes qui vous faisaient déprimer dans le miroir ?

• … Et quand vous êtes sortie de votre trou noir, à votre tour de tendre une main secourable aux copines en détresse !

Déprime ou dépression ?

Un mal de vivre qui s'installe durablement, des attitudes inquiétantes (troubles alimentaires graves, conduites à risque, gestes d'auto mutilation, pensées suicidaires) : si vous constatez ces symptômes chez une amie, il ne s'agit pas d'un simple coup de blues. Parlez-en à un adulte de confiance ou appelez un numéro d'urgence comme SOS Amitié (01 40 09 15 22).

Spleen

SOS
Accident grave

Espérons, bien sûr, que vous n'aurez jamais à examiner de près cette double page et que nous l'aurons écrite à toutes fins inutiles.

Très important !

• La Croix-Rouge et d'autres organismes proposent des formations aux gestes de premier secours (formation PSC 1). N'hésitez pas à vous y inscrire pour les maîtriser parfaitement. En dix heures, vous apprendrez les gestes qui sauvent.

• Les conseils que nous vous donnons ici ne sont donc que des indications et doivent absolument être précédés de cette formation. Ne vous lancez pas seule et bille en tête dans un massage cardiaque. Le remède peut se révéler pire que le mal.

Les numéros à appeler immédiatement
• 15 (Samu)
• 18 (pompiers)
• 17 (gendarmerie) si l'accident survient dans des circonstances violentes (bagarre, racket).

En règle générale

• Face à un accident, gardez votre calme autant que possible. Et faites ceci dans l'ordre :

• Trouvez un adulte avant de faire quoi que ce soit. Si vous êtes seule, appelez les secours.

• Approchez du lieu de l'accident que s'il ne présente aucun danger pour vous. Sécurisez le lieu. Éloignez-en les enfants et autres passants.

• Si c'est trop dangereux (feu, circulation automobile, court-circuit électrique), restez à l'écart et attendez les secours.

Les conseils de la Croix-Rouge

• Si la victime est accessible sans danger, approchez-vous d'elle et parlez-lui doucement. Présentez-vous et rassurez-la. Vérifiez qu'elle est consciente et respire normalement.

En cas d'étouffement

Si la victime ne peut ni parler, ni tousser, ni respirer…
• Donnez-lui cinq claques dans le dos et vérifiez que les choses s'améliorent après chaque claque (ces gestes vous seront enseignés par la Croix-Rouge).
• Si ce n'est pas le cas, faites cinq pressions abdominales (ces gestes ne s'improvisent pas non plus, il faut les apprendre).
• Si l'état de la victime ne s'améliore pas, alternez claques et pressions abdominales.
• Si la victime perd connaissance, entreprenez une réanimation cardiaque jusqu'à l'arrivée des secours (voir encadré).

En cas de saignement

• Ne touchez pas vous-même le sang de la victime. Demandez-lui de compresser sa plaie.
• Si elle ne le peut pas, faites-le avec un linge ou un sac en plastique.
• Allongez la victime.
• Demandez qu'on appelle les secours, ou faites-le de votre autre main.
• Attendez les secours en compressant toujours, avec plus d'intensité si le sang continue de couler.
• N'effectuez pas ces gestes si un corps étranger est présent dans la blessure.

En cas de perte de conscience

• Vérifiez que la victime est inconsciente en touchant son bras.
• Libérez les voies aériennes pour que la victime puisse respirer.
• Vérifiez que la victime respire.
• Placez-la en position latérale de sécurité (cette position vous sera enseignée lors de votre stage de formation à la Croix-Rouge).
• Demandez qu'on appelle les secours ou faites-le si vous êtes seule.
• Attendez les secours en vérifiant que la victime respire toujours.

En cas d'arrêt cardiaque

• Vérifiez que la victime ne réagit pas et ne respire pas.
• Appelez les secours et demandez-leur d'apporter un défibrillateur automatisé.
• Effectuez 30 compressions thoraciques (geste appris avec la Croix rouge). Attention : ne prodiguez ces gestes que si vous les connaissez !
• Insufflez deux fois dans la bouche de la victime.
• Alternez compressions et insufflations jusqu'à l'arrivée des secours.
• Ces gestes demandent beaucoup de force. Si un adulte peut les prodiguer, laissez-lui la place car il y a très peu de chance que vous y parveniez seule.

Emergency

SOS Shopping

CAISSE

Devenir une « shoppeuse »
talentueuse et efficace
en deux minutes chrono !

SOS Achat impulsif

Vous vous jetez sur ce petit top.
Il vous le faut absolument ! En êtes-vous bien sûre ?
Voici quelques conseils pour distinguer
un bon achat d'un mauvais !

Mlle Gétoufaux

Mlle Gétoufaux fait son shopping comme son marché : elle hume les vêtements, les soupèse, évalue le rapport quantité-prix, en prend trois pour le prix de deux. Au final, elle n'a pas une seule tenue correcte à se mettre !

Le bon achat

• Vous avez réellement besoin de ce vêtement.

• Il n'est pas au-dessus de vos moyens : vous n'êtes pas forcée de demander 10 semaines d'argent de poche en avance pour ce petit haut noir, ou d'engloutir quatre ans de baby-sitting forcené pour ce manteau haute couture.

• Vous avez pris le temps d'entrer dans plusieurs magasins pour comparer les prix.

• Vous avez le coup de cœur, mais la passion ne vous a pas fait oublier la raison (par exemple, ce pull est beau, mais en plus il est chaud, et il passe en machine).

• Vous essayez le vêtement et il vous va bien, tout au plus devrez-vous y faire un ourlet car il est trop long (pour y parvenir, voir page 71 de ce merveilleux *Manuel* qui répond à toutes vos questions !).

• Vous pourrez le remettre l'hiver prochain même si la mode a un peu changé.

Le mauvais achat

• Vous partez en shopping comme un chasseur en forêt. Il ne sait pas encore ce qu'il va attraper, mais il a le sac bourré de munitions (vous, le portefeuille bourré de billets) et il est prêt à tirer sans compter ! Les mauvais achats se profilent à l'horizon…

• Vous avez déjà neuf pantalons semblables (même si celui-ci a une poche latérale qui ne se voit pratiquement pas mais qui fait toute la différence).

• Vous n'adorez pas ce sac, mais vous l'achetez quand même parce que la fille la plus tendance de la classe a presque le même.

• Ce chemisier est bien, oui mais vous n'aimez pas la forme des manches. Vous ne referez pas les manches et il restera au fond de votre placard.

• Tous les « Oui mais » sont d'ailleurs à bannir. « Oui mais un peu plus ajusté ce serait mieux, oui mais d'une autre couleur, oui mais moins fragile ». Les vêtements « Oui mais » ne sont jamais portés.

• Ce vêtement vous ira parfaitement quand vous aurez perdu un ou deux kilos. Vous êtes telle que vous êtes, ce pantalon doit s'adapter à votre morphologie et non l'inverse.

L'argent me brûle les doigts

Si vous êtes du genre à dépenser tout ce que vous avez en poche jusqu'au dernier centime, une solution facile reste à votre disposition : n'emportez avec vous que la somme exacte qu'il vous paraît raisonnable de mettre dans cette course, et pas un euro de plus !

SOS Vendeuse charmeuse

Dur de résister à la tentation, surtout quand la vendeuse joue la sirène (vous savez, celle qui voulait entraîner Ulysse à faire des bêtises). Voici comment lui résister !

L'union fait la force

Si vous vous savez influençable, faites-vous accompagner par votre meilleure amie pour qu'elle émette un avis neutre. Seule condition : il faut que votre copine soit sûre de sa liberté d'opinion, ose vous dire quand un vêtement ne vous va pas et respecte vos choix !

Bonne distance

• Soyez souriante, mais pas débordante de sympathie. Les excès d'amabilité créeront des liens d'obligation dans votre tête.

• « Bonjour, je peux vous aider ? » Une réponse prudente s'impose : « Merci, je vais regarder moi-même ». Faites un premier tour de magasin seule afin de repérer ce qui vous plaît. Ne vous laissez pas orienter dans votre recherche vers les choses les plus chères et qui ne sont pas forcément de votre goût !

Mensonges !

• « Ce pantalon vous va vraiment bien ! » (alors que vous étouffez dedans). Ne vous y fiez pas, ce n'est pas la vendeuse qui portera cette camisole de force à votre place. N'achetez un vêtement que si vous êtes à l'aise dedans.

• « Le cuir va se faire à votre pied » (vous venez d'essayer une chaussure trop serrée). Méfiance ! On a déjà vu des bottes rapetisser (celles de l'ogre quand le petit Poucet les a enfilées), mais on n'a jamais vu des chaussures grandir. En revanche, on a déjà vu des ampoules fleurir.

• « À votre âge, vous allez encore prendre de la poitrine » (devant une robe qui baille). C'est possible, mais vous ne savez pas quand (la vendeuse encore moins)… Or cette robe doit pouvoir vous servir maintenant !

SOS
Remboursement

Ensorcelée par une vendeuse, vous avez acheté un pull qui ne vous va pas du tout. Folie avouée est déjà (plus qu')à moitié remboursée...

Conditions

• Ayez le bon réflexe de départ : gardez tous vos tickets de caisse quelque temps.

• Quand vous payez un article, informez-vous sur les conditions d'échange (délai, remboursement partiel ou total, possibilité d'obtenir des bons d'achat puisque vous n'avez pas de carte de paiement).

• Attention : ces conditions sont rarement valables en période de soldes.

Plus propres que propres

• Veillez à ne pas porter, ne serait-ce qu'une heure, le vêtement que vous souhaitez échanger. D'abord parce qu'il faut lui laisser son étiquette, ensuite parce qu'il faut le rendre impeccable : sans tache, sans froissure, sans odeur, sinon il ne peut être revendu.

Doucement...

• Vos bons d'achat en main, ne vous précipitez pas sur le premier article venu pour remplacer celui que vous venez de rendre ; cet achat risque d'être encore trop hâtif. Dans la mesure du possible, revenez plus tard pour choisir à tête reposée.

Spécial timides

N'ayez pas « honte » de revenir au magasin avec un article à rendre. La procédure est courante, licite, et les vendeurs vengeurs ne vous fusilleront pas !

Mamie, t'as gardé le ticket ?

Mamie vous offre un collier qui vous laisse perplexe. Hélas, si elle ne vous donne pas spontanément la facture pour permettre un échange, il serait cruel de la lui demander. Cela obligerait Mamie à dévoiler la valeur de son cadeau et prouverait qu'il ne vous plaît pas vraiment. Vous n'avez plus qu'à réserver ce bijou pour les fêtes de famille...

SOS Soldes

Elles reviennent deux fois par an, au minimum. Elles font courir les foules… mais ne doivent pas vous faire perdre la tête ! Conseils pour acheter malin sans rien regretter.

Ouverture de la chasse

Les soldes ont lieu début janvier pour la collection hiver, début juillet pour la collection été. Leurs dates exactes (début et fin) sont nationales, et fixées par la loi. On peut se renseigner à l'avance sur Internet. Elles commencent toujours un mercredi.

Repérage

• Dans les jours qui précèdent les soldes, vous pouvez aller dans les boutiques identifier quels vêtements vous font envie. Les magasins sont vides, et ce calme vous aidera à explorer les rayons.

À l'assaut !

• Vous avez déniché LE vêtement de vos rêves ? Revenez tôt le premier jour des soldes, surtout si vous avez besoin d'une taille « standard ». Les jolies choses partent les premières…

• Idem pour les chaussures : les pointures les plus courantes disparaissent vite des étals !

• Au contraire, si vous n'avez pas d'idée spéciale en tête, attendez la troisième semaine de soldes pour faire les magasins. Grâce aux démarques successives, vous gagnerez 70 % ou plus sur les vêtements qui restent.

Bon modèle

• Même quand vous adorez un modèle, ne l'achetez pas « un chouia » trop petit ou trop grand si votre taille a disparu. Vous vous sentirez mal dedans et vous ne le porterez jamais. On vous l'a déjà dit : les vêtements « Oui mais » finissent toujours aux placards !

• Évitez de faire les soldes pour l'année suivante : vous ne connaissez ni l'évolution de la mode, ni celle de votre courbe de croissance. Achetez avec modération, juste ce qu'il vous faut pour la fin de la saison.

• Si vous n'êtes pas sûre de votre choix, demandez si les échanges sont possibles. C'est rare, mais possible.

Pas soldés !

• Attention au piège de la nouvelle collection. Certains rayons la présentent déjà. Vous trouverez même des cintres « nouvelle collection » au milieu d'articles soldés. Vérifiez les étiquettes !

À éviter

• Je trouve une pile de vêtements bien pliés et je laisse derrière moi un tas informe.

• Je mords le bras de la cliente qui s'apprêtait à choisir « mon pull ».

• Je passe une heure dans ma cabine d'essayage (pitié pour la queue qui attend derrière !).

• Je porte un jean, un tee-shirt, un gros pull et des chaussures à lacets que je dois enlever et remettre à chaque essayage. Préférez le caleçon et le tee-shirt près du corps sur lesquels vous enfilez tout ce que vous essayez.

• Je fais les soldes le samedi (sauf si vous aimez les bains de foule).

Fixez-vous un budget !

À force de vous dire : « C'est pas cher, je fais des économies », il ne restera plus de votre tirelire que les débris de la porcelaine !

SOS

Pertes, vols et fracas

Vous débrouiller quand vous avez perdu vos clés ou qu'on vous a volé votre portefeuille en deux minutes chrono !

SOS Clés

Devant votre porte (fermée), vous retournez vos poches, vous mettez votre sac sens dessus dessous. Hélas ! Votre trousseau a pris la clé des champs. Que faire ?

Si vous retrouvez ces clés, veuillez appeler…
Mettre vos coordonnées sur votre porte-clés serait bien sûr d'une folle imprudence. En revanche, vous pouvez noter un numéro « neutre » à contacter si on retrouve votre trousseau (standard du travail de vos parents, concierge de votre meilleure amie si elle est d'accord). En cas de perte, prévenez la personne concernée que vous espérez un appel.

SOS Mémoire

• Vos parents ont peut-être confié un jeu de clés au concierge, à un voisin, à des amis ? Essayez de vous en souvenir…

• Dans un premier temps, évitez d'appeler un serrurier (son déplacement coûte très cher, surtout s'il faut remplacer la serrure et toutes les clés familiales).

• Réfléchissez aux endroits de votre trajet où vous avez sollicité vos poches pour en tirer un chewing-gum, votre portefeuille, votre portable… Refaites le parcours avec dans les yeux une loupe de détective !

• Si vous habitez dans une maison, faites-en le tour à la recherche d'une porte ou d'une fenêtre laissées ouvertes par mégarde. Et hop, ni vu ni connu, comme Fantômette, rentrez chez vous !

La clé du bonheur

• Allez signaler votre perte au commissariat de votre quartier. Il se peut qu'un passant, en découvrant vos clés, ait eu l'idée de les porter à la police.

• Ne restez pas seule dehors. Faites-vous inviter chez une copine ou une voisine pour attendre le retour de vos parents.

• Voyez avec eux si, par prudence, ils préfèrent faire changer la serrure dans l'éventualité où vous auriez été suivie par une personne mal intentionnée qui aurait ramassé vos clés derrière vous.

Plus de portable ni de portefeuille.
Ont-ils été perdus, volés ? Ne passez pas
trop de temps à vous poser la question.
De toute façon, il faut faire en sorte que
personne ne puisse s'en servir à votre
place. Agissez vite !

SOS
Portefeuille disparu

Check-up
• Vous avez quand même pris le temps de bien fouiller vos
poches, les recoins de votre sac, et toutes les autres oubliettes
possibles ?
• Vous avez composé le numéro de votre portable pour voir s'il
ne sonnait pas à portée de votre oreille ?

Mesures d'urgence
• Pour votre téléphone portable, si vos recherches sont vaines,
trouvez vite le numéro de votre opérateur téléphonique. Appe-
lez-le pour qu'il bloque votre carte SIM. Faites-vous préciser
tout de même ce que vous devez faire si vous retrouvez, par le
plus grand des hasards, votre portable sur votre table de nuit !
• Pour vos papiers : allez au commissariat de votre quartier faire
une déclaration de perte ou de vol.

À éviter

• Je ne bloque pas mon
portable puisque j'ai un
code PIN (un voleur doué
se moque bien de
ce verrou).
• Je n'ai aucun répertoire
papier, tout est noté dans
mon téléphone. (Le jour
où je le perds, je perds
aussi toute ma mémoire !).
• Je n'ai jamais besoin
de ma carte d'identité,
inutile de la faire refaire.
Ce n'est pas à la veille
d'un examen ou d'un
voyage à l'étranger que
vous pourrez en obtenir
une nouvelle.
Il faut compter plusieurs
semaines pour s'en faire
délivrer une.

J'ai besoin de ma carte d'identité dans deux jours !

Pas de panique : au commissariat, on vous délivre une
attestation de perte ou de vol qui tient lieu de papier
d'identité provisoire. Mais allez quand même très vite à
la mairie pour demander une nouvelle carte (n'oubliez
pas de vous munir de l'attestation délivrée par la police).

SOS
Chat perdu

C'est la mère Michel qui a perdu son chat. Manque de chance, elle ne crie pas par sa fenêtre à qui le lui rendra ! Comment partir à la recherche d'un maître introuvable ?

J'ai perdu mon chien !

Appelez la SPA qui l'aura peut-être recueilli. Passez au commissariat qu'on aura peut-être averti (même si ce n'est pas son rôle de garder les animaux perdus, il saura où le vôtre a été placé). Vous pouvez aussi poser des affichettes. Mais n'y mettez pas votre nom (l'anonymat est une règle d'or dans la rue) et n'offrez pas de récompense (de toute façon, les gens bien intentionnés n'en ont pas besoin pour rendre ce service).

dogs and cats

Tout doux le chat...

• D'abord, attention à ne pas vous faire mordre. Votre sécurité prime sur la sauvegarde d'un animal. Si son comportement est inquiétant, gardez vos distances…

• … d'autant plus que vous ne connaissez ni son niveau de dressage, ni son carnet de vaccinations, ni l'effectif des puces qu'il héberge gracieusement sur son pelage.

• Signalez à la police (17) ou aux pompiers (18) la présence d'un animal perdu et agressif sur la voie publique.

Tout gentil le chat...

• Si vous sentez qu'il s'agit d'un animal inoffensif, regardez s'il a un collier à médaille (certains maîtres prévoyants y font graver leurs coordonnées).

• Sinon, vous pouvez appeler la SPA (Société de protection des animaux) de votre département. Ses équipes feront le nécessaire pour mettre l'animal à l'abri.

• Les jours suivants, soyez attentive aux affichettes qui peuvent fleurir sur les réverbères ou sur les pêle-mêle des commerçants : « Ai perdu chat gris. Veuillez me contacter à ce numéro ». Et rassurez le propriétaire éploré.

SOS
Enfant perdu

Un enfant a l'air perdu. Il est trop petit pour dire son nom de famille (ç'aurait été trop facile). Voici comment agir avec sang-froid... pour éviter à ses parents de se faire un sang d'encre.

« Le petit Pierre attend sa maman »...

• Vous êtes dans un grand magasin : prenez l'enfant avec vous et allez à l'accueil pour que l'hôtesse signale votre trouvaille au haut-parleur.

• Vous êtes dans un parc public gardé : emmenez l'enfant au poste des gardiens. Si vous êtes plusieurs copines, le mieux est d'en laisser une à l'endroit où vous avez trouvé l'enfant pour qu'elle guette le passage de parents inquiets.

• S'il s'agit d'un parc non gardé, restez sur place et faites diffuser la nouvelle par vos copines ou par des passants. Partir à la recherche de parents paniqués qui courent en tous sens, c'est s'exposer à ne pas les retrouver !

• Vous êtes sur la plage : si elle est surveillée, allez au poste des sauveteurs. Sinon, restez où vous êtes et juchez l'enfant sur vos épaules (mieux encore, sur les épaules du grand Édouard) pour qu'il soit visible. Faites diffuser la nouvelle par les plagistes qui vous entourent.

• Vous êtes dans la rue : restez sur place quelque temps. En attendant le passage possible des parents, appelez ou faites appeler la police (17) qui vous donnera les instructions nécessaires.

À éviter

• Confier l'enfant au premier inconnu venu, même si vous êtes pressée, même si les adultes vous semblent mieux placés que vous pour gérer le problème. Assurez-vous que les personnes à qui vous le confiez sont bien ses parents.

• Transmettre votre angoisse à l'enfant. Rassurez-le, parlez-lui doucement, offrez-lui votre goûter ou un bonbon que vous auriez dans votre sac.

SOS
Pickpockets

*Votre portefeuille s'est volatilisé entre les mains
d'un pickpocket prestidigitateur, à moins
que ce ne soit votre vélo qui soit porté disparu...
Comment réagir face à un vol ?*

Deux précautions valent mieux qu'une !
• Fouillez d'abord votre sac avec soin pour vérifier que le portefeuille n'y est vraiment plus. Inspectez vos poches.
• Demandez-vous si votre vélo était bien amarré à ce plot-ci et pas dans la rue parallèle (avis aux distraites, ça peut arriver !).

Portez plainte
• Faites immédiatement opposition sur votre portable (et plus tard, quand vous en posséderez, sur votre carte Bleue et votre chéquier).
• Allez déposer une plainte au commissariat. Ne vous attendez pas à ce que le shérif dégaine son pistolet et file à la poursuite du voleur sur son cheval fougueux ! Les policiers vont enregistrer placidement votre déclaration.
• Disons-le, il y a peu de chances que vos affaires soient retrouvées, mais la plainte permettra aux policiers de vous contacter s'ils obtiennent des informations.

*to steal
stole
stolen*

SOS Racket

« La bourse ou la vie ! » La menace des brigands d'autrefois résonne encore, sous d'autres formes, dans les cours de récré d'aujourd'hui.
Que faire si vous êtes victime d'un racket ?

Céder...

• Dans un premier temps, mieux vaut donner ce MP3 que le voleur exige. Il est dangereux de résister. Un racketteur peut être un bluffeur, mais aussi un boxeur. Ce serait dommage de vous faire abîmer le minois !

Mais alerter...

• En revanche, ne vous laissez pas intimider par ses menaces sur la suite des événements. S'il vous dit : « Je te détruis si tu parles »…
• Allez quand même alerter vos parents, vos professeurs, la direction de l'école, et vite. Faites confiance à ces adultes pour vous protéger d'une vengeance.
• Vous taire, c'est vous exposer à des récidives. Le voleur saura qu'il vous fait peur et vous rackettera de nouveau.
• Parler, c'est vous prémunir contre ce cercle vicieux. C'est aussi éviter à d'autres victimes de se faire racketter.

À éviter

Faire part de ce racket uniquement à votre meilleure amie. Les adultes sont les seuls à pouvoir vous protéger contre une personne qui a décidé de jouer les caïds.

Racket dans la rue

Si vous vous faites aborder dans un lieu public, donnez ce que le voleur exige. Ne comptez pas sur le soutien des témoins, même s'ils sont nombreux. En cas d'agression, vos voisins feront profil bas, ils ont peur comme vous. Ne vous exposez pas à un passage à tabac : votre santé vaut plus cher que votre portefeuille.

SOS
Savoir-vivre

Être la fille la mieux élevée,
la plus charmante et la plus ravissante dans
un dîner en ville ou à un mariage princier,
en deux minutes chrono
(et le temps que durent les mondanités) !

168

SOS Tenue

Vous êtes invitée à un cocktail. Catastrophe !
Vous ne savez vraiment pas comment vous habiller. Pas de panique !
Votre *Manuel de survie* chéri va vous aider !

Pour un enterrement

Il vaut mieux s'habiller très sobrement (pas de mini-jupe, de décolleté, de foulard rose fushia). Préférez les couleurs neutres et foncées (pas forcément du noir de la tête aux pieds comme autrefois).

Resto ou mariage ?

• Toutes les « mondanités » ne requièrent pas le même niveau d'élégance. Sachez monter votre tenue en gamme suivant cet ordre, du plus courant au plus chic : le dimanche chez les grands-parents, le dîner au restaurant invitée par les parents de votre meilleure amie, le baptême du petit cousin, la soirée dansante du réveillon, le mariage de votre grande cousine ! Si vous allez au resto avec la robe longue et le chapeau à plumes de mariage, vous allez rêver de vous cacher dans votre assiette comme une autruche !

Ciné ou Opéra ?

• Les spectacles aussi ont leur degré d'élégance. On va au cinéma en tenue de tous les jours, on se permet de petits extras pour un théâtre ou un concert, on sort la tenue chic pour une soirée à l'opéra avec votre parrain mélomane !

Accessoires

• Adaptez l'élégance de vos accessoires (bijoux, chaussures, coiffure, maquillage) à celle de votre tenue, sans tomber dans la surcharge, même pour les grandes occasions. Évitez la cascade de boucles d'oreilles qui dégouline dans une rivière de colliers, ou l'alignement sonore de quinze bracelets.

À quoi sert d'être habillée comme une princesse si vous jurez comme un charretier ? Eh oui, le langage, c'est comme les vêtements : il faut penser à l'adapter aux circonstances.

SOS Langage

Les indispensables

• On salue correctement les personnes qui vous invitent. « Bonjour, madame », « Bonjour, monsieur » et on leur serre la main, ou on les embrasse, s'ils font un mouvement vers vous en ce sens. On ne file pas direct au buffet pour se goinfrer !

• Par la suite, on n'oublie pas les autres formules de politesse : « s'il vous plaît » et « merci » sont toujours les bienvenus !

• On souligne le langage avec les yeux, on n'oublie pas de regarder son interlocuteur quand on lui parle.

Registre de langue

• On désherbe tous les mots d'argot de son vocabulaire. Exit les jurons et autres mots fleuris !

• On choisit ses tournures grammaticales (au lieu de dire : « C'est quoi ça, une métaphore ? », on préfère : « Qu'est-ce que c'est qu'une métaphore ? », voire : « Qu'est-ce qu'une métaphore ? »).

• On passe au cran de politesse supérieur quand on s'adresse à des personnes âgées (sans se croire obligée de parler au passé simple parce qu'ils sont vraiment très, très vieux).

Compréhensibilité

• Parlez distinctement et articulez : il n'y a rien de plus énervant que quelqu'un qui parle entre ses dents et qu'on ne peut comprendre.

• Ne chuchotez pas. Ne criez pas non plus.

À éviter

• Ne vous lancez pas sur des terrains de conversation minés : politique, argent, religion sont à éviter avec des gens que vous connaissez peu.

• Ne faites pas de blagues douteuses avec des allusions sexuelles plus ou moins cryptées.

• Ne soyez pas péremptoire. Évitez les formules définitives du type : « Tous les Picard sont des buses. » Et si votre voisin était originaire d'Amiens ?

Pour finir en beauté...

On remercie ses hôtes pour l'agréable moment que l'on vient de passer en leur compagnie.

SOS
Grand dîner

Vous êtes invitée à dîner chez les parents d'Édouard. Vous rêvez d'être impeccable sans pour autant sacrifier votre spontanéité. Rien de plus facile que de faire bonne impression. Récapitulons !

Conseil de pro

Dès le début du repas, branchez une lunette d'espionnage discrète sur la maîtresse de maison et prenez-la comme modèle. Attendez qu'elle commence pour entamer votre assiette, mangez vos gambas avec les doigts ou votre banane à la fourchette en vous inspirant de ses manières, levez-vous pour desservir si elle s'active et vous passerez votre code (de bonnes manières) avec zéro faute.

dinner

Les commandements

• J'arrive à table avec des mains propres et des cheveux attachés qui ne tremperont pas dans l'assiette.

• Je m'installe en même temps que les autres. Je me cale sur ma chaise en ne me collant pas à son dossier. Je me tiens droite.

• Je prends la ferme résolution de ne pas me balancer sur mon siège, de ne pas faire du pied à Édouard, de garder les mains sur la table et de ranger mes coudes le long de mon corps.

• Je déplie ma serviette sur les genoux. J'attends calmement devant mon assiette vide, sans me jeter sur le pain (même s'il a l'air très bon) ni sur l'eau (je ne suis pas un chameau qui arrive au puits après quarante jours de désert).

• Je me sers quand on me présente le plat, sans aller pêcher le morceau du dessous qui semble meilleur ou plus gros. Une fois mon assiette pleine (mais pas débordante), je repose les couverts de service dans le plat en veillant à les préserver de la noyade et je passe le plat à mon voisin.

• S'il n'y a pas de salière sur la table, je n'en demande pas, même si le plat est un peu fade.

• Je me lève pour aider au service, surtout quand je viens de finir la carafe d'eau et qu'il faut aller la remplir.

• Je ne lèche pas mon assiette à la fin, même pour prouver mon enthousiasme délirant.

Conversation

• Je n'oublie pas de parler, car les repas sont aussi faits pour cela, mais jamais la bouche pleine !

• Je formule mes souhaits (« Pouvez-vous me passer le pain, s'il vous plaît ? ») plutôt que d'allonger un bras tentaculaire par-dessus les assiettes des voisins.

• J'oublie les tournures vulgaires comme « Fais péter le sel » ou « Raboule la sauce ! ».

• J'évite les questions méfiantes du type « Qu'est-ce qu'on mange ? » en me mettant à table ou « C'est quoi, ce truc ? » en farfouillant dans un plat. La maîtresse de maison se vexerait à coup sûr.

J'ai envie de faire pipi !

Le mieux, c'est d'y penser avant d'arriver chez ceux qui vous invitent. En cas de besoin, n'attendez pas le milieu du repas, ça ne se fait vraiment pas ! Demandez à vous « laver les mains » avant de passer à table ou après en être sortie : la maîtresse de maison devrait saisir l'allusion et vous montrer les toilettes plutôt que l'évier de la cuisine.

Mlle Gétoufaux

Mlle Gétoufaux fait tout de travers, même et surtout lorsqu'elle est invitée. Elle met les pieds sur la table, monopolise la conversation, lèche son assiette à la fin du repas en concluant d'un « C'est bien la nouvelle cuisine, mais ça nourrit pas sa bonne femme! ». Quelle classe!

SOS
Cocktail, réception,
mariage

Ah, ces fêtes qu'on aime et qu'on redoute ! Joie, excitation, peur de ne pas être à la hauteur d'une ambiance élégante... Déstressez, méditez ces quelques conseils, et vous serez à l'aise comme une princesse en son château.

À la cérémonie

• Entrez à l'heure, sans vous éterniser dehors « parce qu'il fait beau et qu'on a trop chaud là-dedans ».

• Éteignez votre portable. Ne le mettez pas sur le mode vibreur : si c'est Édouard qui vous appelle, vous allez tellement vibrer que vous ne pourrez pas vous empêcher de répondre !

• Ne vous faites pas remarquer. Pas de bavardages avec votre cousine pendant une cérémonie que vous trouvez trop longue, pas de rires (même nerveux) pendant un enterrement, pas de mines agacées si vous vous ennuyez !

Au buffet

• Évitez l'attitude : « Je reste aimantée au buffet et j'engloutis les vivres comme une naufragée après quatre jours sans nourriture sur mon radeau. »

• Méfiez-vous de ces punchs frais et sucrés qu'on boirait volontiers par dizaines de verres sans se rendre compte qu'ils sont alcoolisés.

• Essayez de ne pas rester toujours avec la même personne, allez d'un invité à l'autre.

distinction

• Si tante Suzanne semble vouloir vous retenir des heures dans les filets de son bavardage, usez d'un prétexte délicat pour rompre la conversation : « Pardonnez-moi, je vois là-bas ma sœur à qui j'avais une question très urgente à poser ! »

• Souriez beaucoup, même si vous devez finir la journée avec des crampes à la mâchoire !

Au dîner

• S'il s'agit d'un repas non placé, entendez-vous à l'avance avec vos amis ou cousins pour vous asseoir ensemble. Mais c'est chouette aussi d'accueillir parmi vous un ou deux invités perdus dans la fête !

• Si c'est un dîner placé, acceptez votre sort ! N'inversez pas deux cartons pour vous retrouver flanquée du plus beau garçon de la soirée !

• Essayez de parler avec vos différents voisins, sans monopoliser la parole ni négliger une personne.

Que vais-je leur dire ?

Difficile parfois de trouver des sujets de conversation. Il faut être de bon ton, éviter les sujets qui fâchent (argent, politique, religion, blagues de potache), se montrer légère sans se limiter à la météo... L'idéal est d'amener vos interlocuteurs à parler de leurs centres d'intérêt et de parler des vôtres pour que la conversation ne faiblisse pas. Essayez de débusquer ces hobbies qui les passionnent !

175

SOS Gaffes

Plaf ! Vous avez fait une gaffe, eu un geste maladroit, et vous vous demandez comment extraire vos pieds du plat le moins lourdement possible, en les essuyant avec discrétion....

Paroles en trop

• Je n'essaie pas de rattraper ma gaffe en m'enferrant dans des explications laborieuses. Exemple : j'ai dit que les banquiers sont des sales riches, il me vient à l'esprit que le père d'Édouard est banquier, alors j'ajoute que je parle des banquiers qui travaillent dans des banques. Je m'embrouille, je m'enfonce, et le père d'Édouard sourit de plus en plus jaune…

• Je n'hésite pas à présenter mes excuses, même si ce n'est pas ma faute. Exemple : je demande à Mme Truc des nouvelles de son mari, elle me répond qu'elle est en instance de divorce, je dis : « Pardonnez-moi, je ne savais pas » (plutôt que de lâcher « Ah bon ? » et de planter là Mme Truc parce que je suis gênée).

• Je préfère me taire, rougir (ce qui montrera mon regret à mon interlocuteur) et passer à un autre sujet (ou attendre qu'une âme secourable le fasse pour moi).

Gestes maladroits

• Je renverse mon verre de soda sur la jupe de ma voisine : j'évite les dérobades (« Ce n'est pas moi » ou « On m'a poussée ». J'assume, je demande pardon, je file chercher une serviette pour absorber mes dégâts au maximum. Cette bonne volonté évidente me vaudra la clémence de ma « victime » !

• J'écrase les pieds de mon cavalier : faire comme si je n'avais rien perçu, ce serait empirer ma maladresse, le danseur croirait que j'ai l'écorce insensible d'un pachyderme. Je présente mes excuses en faisant de l'humour sur moi-même (« Mon pauvre, avec une débutante comme moi c'est la danse du fakir ! »).

• J'émets des gaz malencontreux : selon l'ampleur du bruit, je fais comme si de rien n'était, ou je murmure un « Veuillez m'excuser » sans chercher à faire de l'humour scabreux ! Et je n'accuse pas mes voisins pour me mettre au-dessus de tout soupçon !

• Mon nez est mal mouché, une feuille d'épinard s'est coincée entre mes dents, ma braguette a oublié de remonter toute seule, et je constate ces déboires avec un temps de retard : je garde ma bonne humeur, je n'insulte pas les copines qui ne m'ont pas prévenue et je me dis que chacun a droit à ces moments de honte vite effacés !

Mlle Gétoufaux

En piétinant la robe de la mariée (avec ses deux sabots gauches), Mlle Gétoufaux a entendu un léger craquement. Pour cacher sa honte, elle a préféré l'humour aux excuses : « De toute façon, ta robe est trop longue, il faut la raccourcir. » La mariée n'était pas de cet avis, et depuis, sans qu'elle comprenne pourquoi, Mlle Gétoufaux n'a plus été invitée à aucun mariage !

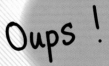

SOS
Petits boulots

Trouver un job ou
un stage et y briller
en deux minutes chrono !

SOS
Chercher un job

Vous voulez vous offrir un beau cadeau, des vacances de rêve...
Où chercher le petit boulot qui mettra cette ambition
à portée de votre bourse ?

Il y a un âge pour le travail

Vous avez le droit de mettre les pieds dans une entreprise à partir de 16 ans, sauf dans le cadre d'un contrat en alternance qui peut commencer dès 14 ans. En dessous de cet âge, il vous reste la solution (rémunératrice) du baby-sitting !

Réseau

• N'hésitez pas à activer votre « réseau » : amis des parents qui travaillent dans une entreprise attrayante, familles chez qui vous faites du baby-sitting… Ne croyez pas que ces « pistons » sont honteux. De toute façon, ce sera à vous, et à vous seule, de faire vos preuves dans votre travail.

• Dans certains journaux ou magazines, il y a des rubriques « offres d'emploi ». Examinez régulièrement ces petites annonces.

• Pensez aux candidatures spontanées. Allez vous présenter à l'accueil de votre supermarché et demandez si on recherche des caissières pour l'été. Faites la tournée des restaurants pour vous présenter comme une super-serveuse potentielle !

• Et ne vous découragez pas si l'on vous refuse en neuf endroits successivement. C'est le lot de tous les chercheurs d'emploi et cela ne doit pas entamer votre confiance en vous. Patience ! Continuez vos recherches, la dixième demande sera la bonne !

looking
for
a job

Toile de fond
• Internet est un moyen efficace de trouver des offres d'emploi. Allez sur un bon moteur de recherche et tapez des mots clés comme « jobs d'été ».
• Si vous avez une idée précise, c'est encore mieux pour affiner la recherche : vous pouvez taper des mots clés comme « cueillette des abricots », « devenir monitrice »…
• Allez voir aussi le site de l'ANPE (Agence nationale pour l'emploi).

Vos premiers baby-sittings
• Il existe des sites Internet spécialisés dans ce domaine. En principe, ils sont fiables. Cependant, la première fois que vous vous rendrez dans une famille inconnue, n'hésitez pas à vous faire accompagner par vos parents. La confiance doit régner… mais la prudence aussi.
• Posez des annonces dans les commerces de votre quartier : « Jeune fille sérieuse de tel âge, aimant les enfants, cherche baby-sittings en soirée ou le week-end ».
• Si vous avez plusieurs petits frères et sœurs, précisez-le : vos qualités d'« aînée » inspireront confiance. Donnez votre numéro de téléphone, mais pas votre nom (ni le tarif auquel vous souhaitez être payée, vous en discuterez lors d'un premier contact avec vos employeurs).
• Si vous pratiquez une religion, n'hésitez pas à vous faire connaître auprès des familles qui fréquentent le même lieu de culte que vous, c'est un réseau efficace.
• Une fois que vous aurez trouvé de bons employeurs, demandez-leur de vous recommander à leurs amis. Le bouche-à-oreille, c'est ce qui fonctionne le mieux dans le métier !

Le Bafa
Pour devenir monitrice, job enrichissant pour votre personnalité comme pour votre tirelire, passez d'abord le Bafa (Brevet d'aptitude aux fonctions d'animateur), une formation quasi incontournable. Il requiert plusieurs stages théoriques et pratiques : vous ne pouvez donc pas espérer le décrocher dans les quinze jours précédant une candidature. Pour savoir où et quand ont lieu ces formations au Bafa, joignez la direction départementale de la jeunesse et des sports de votre département.

À éviter
Le travail au noir
N'acceptez jamais un job au noir, même bien payé. C'est illégal et dangereux (en cas d'accident du travail, vous n'auriez aucune protection).

SOS CV

Toute offre d'emploi ou de stage se conclut par le fatal « Envoyer CV et lettre de motivation ». Comment faire pour que votre CV séduise et enthousiasme un employeur ?

Les CV voués d'avance à la poubelle

• Les CV manuscrits. En revanche, si vous avez une jolie écriture, faites-en étalage dans votre lettre de motivation.

• Les CV sans queue ni tête, ni ordre, ni marges, ni lignes de respiration.

• Les CV présentant des fautes d'orthographe. On peut vous pardonner vos brouilles avec le français ; on ne vous pardonnerait pas une absence de relecture, vue comme un signe de négligence.

Comment présenter un CV ?

• En haut à gauche, tapez votre nom, votre adresse, votre téléphone, votre mail, votre âge. Si vous êtes en conduite accompagnée ou si vous avez déjà le permis, indiquez-le aussi à cet endroit.

• En haut à droite, vous pouvez mettre une photo de votre joli visage, avec votre doux sourire. Choisissez une coiffure parfaite et simple (ni crête, ni chignon d'impératrice). Le haut de vos vêtements doit être sobre lui aussi. Même si vous postulez pour être monitrice de voile, pas de paréo avec collier de fleurs à la tahitienne !

• En dessous, justifié au milieu, bien aéré et écrit en caractères de bonne taille, placez un titre pour votre CV (éventuellement encadré). Par exemple : « Monitrice de colonie de vacances ».

Expériences

• Ensuite vient le déroulement de vos expériences passées, à présenter par ordre chronologique. À votre âge, c'est vite résumé ! Signalez malgré tout les diplômes que vous avez reçus (brevet, CAP).

• Ne mentez pas, n'inventez rien. En revanche, vous pouvez atténuer vos erreurs de parcours. Par exemple, si vous avez redoublé trois fois votre seconde, ne mettez pas : « 2005-2008 : classe de seconde », mais plutôt : « depuis 2005, lycée ».

• Si vous avez fait des séjours linguistiques à l'étranger, si vous parlez d'autres langues, mentionnez-le ensuite, c'est un atout plus que précieux.

En dehors de l'école

• Vient la rubrique « activités extrascolaires ». Vu votre jeune âge, c'est là qu'il faut se montrer prolixe pour faire briller votre CV ! Parmi vos passions, énumérez celles qui séduisent un employeur : sports, activités associatives (précisez si vous avez le Bafa, un brevet de secourisme), scoutisme, musique, danse, voyages… Vous montrerez que vous êtes une fille active et ouverte sur le monde extérieur.

Mlle Gétoufaux
Le CV de Mlle Gétoufaux est l'occasion de déballer sa vie dans les moindres détails : le nombre de ses amoureux, les recettes qu'elle réussit le mieux (enfin, le moins mal), le travail et le salaire de ses parents. Ceux qui ont reçu ce chef-d'œuvre l'ont encadré car, de mémoire d'employeurs, ils n'avaient jamais rien vu de tel !

curriculum vitae

Amandine Duprey
5 rue de Paradis
80 000 Amiens

183

SOS
Lettre de motivation

Sur la forme

• Vous pouvez l'écrire à la main ou l'imprimer, sauf s'il est spécifié « lettre manuscrite » (dans ce cas, soignez votre présentation !).

• En haut à gauche, inscrivez votre nom et vos coordonnées, comme sur le CV (c'est essentiel, car une secrétaire distraite peut séparer ces deux inséparables !).

• En haut à droite, le lieu d'où vous écrivez ainsi que la date.

• Un espace généreux en dessous, suivi d'un sobre « Madame, Monsieur » centré sur la page (la « Madame » toujours avant le « Monsieur », galanterie oblige !) dans le cas où vous ignorez l'identité de votre destinataire. Si vous la connaissez, précisez le nom : Monsieur Martin.

• Des paragraphes aérés, lisibles et limités. Vous n'avez pas droit au roman-fleuve : une page recto, un point c'est tout !

• Terminez par une formule de politesse (« Veuillez recevoir, Madame, Monsieur, l'expression de mes sentiments respectueux »). À proscrire : « Gros bisous », et même « Cordialement », terme valable entre adultes égaux en responsabilités.
• N'oubliez pas de signer de votre blanche main !

Sur le fond

• Le but de cette lettre est de vous mettre en valeur, même si vous êtes jeune et sans expérience. Bannissez toute humilité (« Je n'ai aucune compétence, j'espère malgré tout être à la hauteur »).
• Dosez subtilement votre manière de vous vendre. Il faut montrer que vous avez confiance en vous, sans pour autant suggérer au patron de vous céder sa place séance tenante !
• Ne parlez pas de votre vie, mais dites pourquoi votre personnalité s'ajuste merveilleusement au poste proposé. Un exemple ? « Ouverte et dynamique, je serai heureuse d'exercer ces talents comme stagiaire dans votre équipe de communication » ou « Les relations humaines me passionnent et le travail de vendeuse me fera mettre cet intérêt au service des clients » ou « Sportive et pédagogue, je saurai transmettre mes passions aux enfants pendant ce stage de voile ».
• Ne posez aucune question, même pour prouver une louable curiosité sur l'entreprise. Vous en aurez l'occasion pendant l'entretien. Car rappelons que CV et lettre de motivation n'ont pas pour but de décrocher l'emploi, mais l'entretien préliminaire !

À éviter

• Oubliez les motivations financières (« J'ai besoin d'argent, or vous payez bien »).
• Les motivations géographiques (« J'habite dans votre rue, ce qui est très pratique »).
• Encore moins les absences de motivation (« Il s'agit d'un stage obligatoire et je suis forcée de trouver un travail »).

Amandine Duprey, 5 rue de Paradis
80 000 Amiens

Covering letter

SOS

Entretien d'embauche

L'entreprise vous contacte pour donner suite à votre candidature. Panique ? Surtout pas : lisez ces conseils et allez-y (presque) gaiement !

Job interview

Tenue correcte exigée

• Votre tenue doit être sobre et distinguée. Reportez-vous au chapitre « Beauté » à la page 34 de ce fabuleux *Manuel* !

• Dans certains cas, vous pouvez venir en tenue de tous les jours (rencontre avec un agriculteur qui cherche de la main-d'œuvre pour cueillir ses pêches, entretien en vue de devenir monitrice de colonie), mais vos vêtements doivent malgré tout être propres et bien repassés !

• Dans le doute, mieux vaut en faire un peu trop que pas assez : si vous arrivez en tailleur pour découvrir des employés en jean, le décalage passera mieux que si vous arrivez en jean parmi des employés en tailleur.

Ponctualité

• Arrivez à l'heure, et même cinq minutes en avance, mais sûrement pas cinq minutes en retard.

• Mieux vaut attendre sur un siège dans l'entrée (en croisant les jambes et sans mâcher votre chewing-gum) que faire attendre le recruteur à l'emploi du temps minuté.

Toc, toc, toc

• Présentez-vous d'abord à l'accueil ou frappez à la porte de la personne qui vous attend. En tout cas, n'entrez pas sans y être invitée !

• Saluez avec le sourire et dites d'une voix audible : « Bonjour, madame » ou « Bonjour, monsieur », et pas « Bonjour ! » tout court (encore moins « Salut ! »).
• Votre poignée de main, première impression que l'employeur reçoit de vous, doit être franche et solide.

De l'allure !

• Asseyez-vous dès qu'on vous y invite. Calez-vous sur le fauteuil, sans rester timidement au bord comme si vous vous sentiez sur un siège éjectable ! Tenez-vous droite… et résistez à la tentation de vous balancer !
• Domptez vos tics préférés : balancement d'une jambe, rongement d'ongles, tortillement d'une mèche de cheveux, clignement d'yeux… On arrive zen et on le reste (ou au moins, on fait semblant pendant le quart d'heure que va durer l'entretien !).

Monologue

• Certes, vous avez préparé des arguments chocs pour décrocher ce travail, mais laissez d'abord l'employeur vous poser des questions et répondez-y en distillant vos arguments à travers vos réponses. L'entretien est un dialogue, pas un discours.
• Vous vous êtes renseignée sur l'entreprise (par son site Internet) et vous n'avez pas l'air de « débarquer » de la Lune.
• Il est très bien vu de poser des questions qui montrent votre intérêt pour l'entreprise et votre motivation. Sur le site Internet, relevez des détails qui vous étonnent et rebondissez dessus !

Pour conclure l'entretien

• À la fin du rendez-vous (et seulement à la fin), vous pouvez demander des précisions sur la rémunération. Avis aux timides, c'est légitime de vous renseigner et personne ne vous en voudra. Cela prouvera que vous avez la tête sur les épaules !
• Pour votre départ, même cérémonial qu'à l'arrivée : sourire, « Au revoir, madame » ou « Au revoir, monsieur » et poignée de main. Ne demandez surtout pas : « Alors, vous me prenez ? » En revanche, vous pouvez risquer un : « J'espère vous revoir bientôt. »

À éviter

• « Je demande à la standardiste de re-prévenir l'employeur qui me fait attendre (vous êtes tenue à la ponctualité, pas lui !).
• Je mâche du chewing-gum (même pour garder l'haleine fraîche).
• Je laisse mon portable allumé, on ne sait jamais, si Édouard appelait.
• Je parle tout de suite gros sous.
• J'évoque les congés (« J'espère qu'on a droit à des vacances ? ») ou les horaires (« On finit à quelle heure le soir ? Ah oui, si tard ? »).
• J'enlève ma veste en cours d'entretien, même s'il fait chaud (au contraire, il vaut mieux masquer d'éventuelles auréoles de transpiration !).
• Je regarde ma montre (« Excusez-moi de surveiller l'heure, j'ai un rendez-vous après »).
• Je tutoie mon interlocuteur parce qu'il a l'air cool.

SOS
Dans l'entreprise

Vous avez été choisie pour le job ou le stage de vos rêves. Bravo ! Lisez ces quelques conseils et l'employeur se félicitera définitivement de vous avoir choisie !

In the firm

Premier jour

• Arrivez à l'heure, ce jour-là, et tous les autres jours.

• Adaptez votre tenue à ce que vous aurez pu observer en entretien (dans le doute, faites-en plutôt un peu trop que pas assez).

• Arrivez propre (évidemment), mais pas surparfumée : il ne faut pas chloroformer vos collègues…

• Arborez un grand sourire et un visage ouvert, même si vous stressez un peu, ce qui est normal !

• On va vous présenter l'équipe. Rassemblez toute votre concentration pour essayer de retenir le nom et la fonction de chacun. Rassurez-vous, personne ne vous en voudra de redemander des précisions !

• On va vous expliquer votre travail : posez des questions pour éclaircir ce que vous ne comprenez pas. Par la suite, n'hésitez pas à vous renseigner sur vos tâches plutôt que de les faire de travers. Mais essayez aussi de gagner en autonomie, vous êtes là pour ça !

La discrète

• Même si on vous fait un accueil chaleureux, restez discrète : évitez le tutoiement tant que vous n'y êtes pas invitée, frappez aux portes avant d'entrer chez vos collègues.

• En entreprise, on laisse sa vie privée sur le seuil d'entrée : ne parlez pas de vous, de votre famille, du bel Édouard ni de votre meilleure amie, et ne posez pas de questions à vos collègues !

• Au travail, Radio Langue-de-Vipère résonne parfois dans les couloirs. Pourtant, évitez de participer aux commérages de certains collègues. Disons que leur ancienneté les justifie… Pour vous, toute nouvelle toute belle, il serait inutile et dangereux de prendre position !

• Évitez de prolonger d'une heure la pause de midi, même si vous déjeunez avec une super-copine ou qu'on est en période de soldes.

• Le soir, ne partez pas cinq minutes avant l'heure « réglementaire » (et entre-temps, évitez de regarder trop souvent l'horloge murale !).

• Les premiers jours, ne grognez pas si on vous fait rester un peu plus longtemps. En revanche, si on vous retient systématiquement jusqu'à des heures indues, vous avez le droit de faire une remarque (délicate !).

Photocopies

On vous demande de préparer un café ou de faire trois cents photocopies. Ne vous rebiffez pas : « Ce n'est pas mon rôle, je ne suis pas une esclave, ni une stagiaire à tout faire ! ». Acceptez avec le sourire ces menus services qui prouveront votre bonne volonté et instaureront la confiance. On vous confiera des tâches plus importantes par la suite !

Laissons à César ce qui appartient à César !

Faut-il le rappeler, rames de papier et autres fournitures servent aux employés sans pour autant leur appartenir. Ne rapportez pas chez vous de quoi monter une papeterie. Ni même de quoi faire plaisir à votre sœur qui a besoin de Post-it®. Et ne vous servez pas du téléphone pour appeler les copines !

SOS
Ma chambre

Changer votre tanière d' « oursonne » en havre de paix agréable en deux minutes chrono !

SOS Rangement

Une nouvelle amie débarque dans cinq minutes.
Elle risque une apoplexie devant votre fouillis,
contrairement à vos vieilles copines qui n'en ont plus peur.
À votre poste. Feu ? Rangez !

Bienvenue !

N'oubliez pas d'enlever l'affiche à tête de mort « Défense d'entrer sous peine d'accident grave et de mort subite et terrible dans d'atroces souffrances » que vous avez fixée à votre porte à l'intention de votre frère.

De l'air !

• Ouvrez la fenêtre pour aérer un grand coup. La tanière de l'« oursonne » sent parfois trop l'« oursonne » !

De l'ordre !

• Commencez par évacuer les objets intimes. Journaux secrets, direction le tiroir. Soutiens-gorge, culottes, dans le panier de linge sale ou au placard ! Un peu de discrétion, les filles !

• Pliez les vêtements qui traînent et remettez-les dans votre penderie. Ne les roulez pas en boule, malheureuse, pour les glisser sous votre lit ! Ce serait vous exposer à des heures supplémentaires de rangement (et de repassage) pour plus tard !

• Débarrassez le sol des CD, livres et autres notes de cours. Pour aller plus vite et épargner votre dos, évitez de ranger les objets un à un. Triez, faites des piles et portez les lots d'un coup vers leurs destinations respectives.

De l'impeccable !

• Au passage, si les livres ou les CD se sont écroulés les uns sur les autres dans vos étagères, redressez l'avalanche.

• Faites votre lit : la couette doit être tendue comme au rayon literie d'un magasin d'ameublement, l'oreiller doit retrouver une forme rebondie grâce à vos claques énergiques.

Du beau bureau !

• Les stylos ne doivent plus jouer au Mikado éparpillé. Direction le pot à crayons !

• Les feuilles volantes, en pile : défense de voler !

• Les classeurs, au garde-à-vous !

• Les manuels, fermés, rangés, alignés !

• Le verre vide au lave-vaisselle (sans tomber en panne sur la table de la cuisine !).

• Brouillons, vieux tickets de bus, papiers de chewing-gum, corbeille !

• La corbeille, vidée dans un sac en plastique, direction la poubelle à papiers familiale.

tidy place

Conseil de pro

Achetez deux ou trois jolies boîtes de rangement (en carton, avec couvercle et poignées) qui resteront empilées dans un coin et dans lesquelles vous cacherez votre ultime petit fouillis. Mais n'oubliez pas d'y mettre le nez pour faire le tri de temps en temps. Sinon, gare à l'implosion !

SOS Nettoyage

Contrairement aux idées reçues, un grand nettoyage ne se fait pas seulement au printemps, mais chaque semaine. Alors, autant faire vite et efficace ! Conseils pour jouer à la tornade blanche.

Mon aspirateur n'aspire rien !

- Vérifiez le sac à l'intérieur : il est sans doute plein, il faut le changer.
- Vérifiez qu'un gros objet qui traînait sous votre lit ne s'est pas coincé dans le tuyau, empêchant l'air de circuler.
- L'avez-vous bien allumé ?

Règles de base

- Attaquez-vous à la poussière des meubles et objets avant de nettoyer le sol. Sinon, elle tombera par terre quand vous la remuerez… et vous n'aurez plus qu'à tout recommencer !
- Autre règle de base : ne faites pas le ménage en tenue de soirée.

Mort à la poussière !

- Pour chasser la poussière, rien ne vaut un chiffon humide (sauf sur les meubles en bois non vernis qui craignent l'eau).
- Secouez-le par la fenêtre à intervalles réguliers. Attention, cette fenêtre ne doit pas dominer la terrasse d'un voisin en train de prendre son bain de soleil.
- Pensez aussi à la brosse douce cachée dans le coffre de votre aspirateur. Elle est parfaite pour aspirer la poussière de certaines surfaces, comme les abat-jour en tissu.

a clean place

Coins et recoins cachés

• Pour les recoins, prenez l'autre accessoire qui se trouve dans le coffre de l'aspirateur : un embout rétréci qui passe partout.

• Pour le haut des étagères ou les toiles d'araignées du plafond, rien ne vaut le bon vieux plumeau du bon vieux Nestor ! Pas très tendance, mais très efficace !

• Pour le dessous du lit, cachette inespérée de votre enfance et repaire des moutons de poussière, déployez l'artillerie lourde : l'aspirateur et son long cou qui va partout !

Sol impeccable

• Commencez par secouer les tapis par la fenêtre, si vous en avez (même réserve que précédemment concernant le bain de soleil du voisin).

• Passez l'aspirateur partout : au milieu, mais aussi dans les coins (en décrochant le balai de l'aspirateur), le long des murs, sur les plinthes, sous les meubles, en déplaçant les chaises et les meubles légers.

• Selon que vous avez de la moquette ou une surface lisse (parquet, carrelage), n'oubliez pas de modifier le levier situé sur le balai de l'aspirateur (position « brosse » pour les surfaces lisses, position « lisse » pour les tapis et moquettes).

• Sur du carrelage ou du linoléum (mais pas sur du parquet, sauf s'il est vitrifié !), un coup de serpillière régulier s'impose après le passage de l'aspirateur. Prenez une bassine d'eau très chaude, des gants pour ne pas vous brûler, ajoutez une rasade de produit nettoyant, armez-vous d'un balai-brosse, et faites glisser la serpillière partout. Attention, essorez-la bien auparavant : sinon, le séchage va durer des heures !

N'oubliez pas...

• De déplacer les objets quand vous passez le chiffon sur les meubles : un contournement stratégique de l'obstacle ne suffit pas !

• De changer souvent vos draps et votre alèse.

• De retourner votre matelas de temps à autre.

• De passer un coup de chiffon sur votre miroir avec le produit pour les vitres.

• Et de nettoyer vos vitres, tant que vous y êtes !

SOS Décoration

La déco, c'est perso : on ne va pas vous donner d'avis en matière de goûts et de couleurs. Juste des conseils qui faciliteront vos choix et guideront vos gestes, quelles que soient vos préférences.

Léger, léger !

• Une chambre trop chargée devient vite étouffante, pour le moral comme pour le physique (hummm, ces mille et un bibelots à astiquer chaque semaine !).

• Donc, si vous avez des collections mirobolantes d'objets fétiches, imitez les conservateurs de musée : mettez-en une partie en réserve (cartons étiquetés à votre nom, direction la cave) et faites tourner les expos !

Couleurs et tableaux

• Adaptez la décoration à l'orientation de votre chambre. Les pièces qui donnent au nord sont généralement sombres, il vaut mieux les égayer par des couleurs lumineuses, des murs clairs, des coussins flashy, des draps multicolores.

• Pour la décoration murale : accrochez les cadres que vous aimez en vous reportant aux pages « Perceuse » (p. 48) ou « Planter un clou » (p. 45). Pour les posters évolutifs (la photo du dernier vainqueur de la *Star Ac'* qui sera détrôné par le suivant), préférez les punaises à pointe fine ou la gomme de type Patafix.

Monochrome !

N'accordez pas le monopole à votre couleur préférée : coussins roses, lit rose, moquette rose, murs roses, rideaux roses, bureau rose... Vous vous noieriez vite dans toute cette eau de rose. Pis encore, si vous êtes d'obédience gothique, évitez le noir systématique : seules les chauves-souris vivent heureuses dans une caverne !

Lumière !

• Pour les plafonniers, recouvrez l'ampoule nue d'un abat-jour. On en trouve de jolis en papier pour 4 ou 5 euros, ce qui permet de changer sans scrupule de couleur et de forme quand on s'en lasse. Choisissez une ampoule à verre opaque, moins aveuglante, ou mieux, des ampoules à basse consommation, c'est écolo !

• Pour les autres lampes, les halogènes sont imbattables en matière d'éclairage indirect. Hélas, ce sont aussi les lampes les plus gourmandes en électricité : parlez-en à vos parents avant d'en acheter une !

Terre-à-terre

• Sur du carrelage, du parquet ou du lino, un tapis est un plus. Les vrais tapis d'Orient vous coûteraient cinq ans de baby-sitting (même pas sûr qu'ils volent, pour ce prix-là !). Mais on trouve des kilims ou des tapis industriels dans tous les magasins de décoration.

• Pensez aussi aux chutes bradées dans les magasins de moquette, ou aux métrages de joncs de mer ou de coco, qui, certes, ne sont pas tout mous tout doux, mais donnent une petite touche ethnique à votre chambre !

Rideau !

• Les rideaux égaient les longues soirées d'hiver, même quand on a des volets ! Si vous n'avez pas le cœur à les coudre de bout en bout, achetez-en des « prêts-à-poser » (en prenant les mesures de vos fenêtres). Vous n'aurez plus qu'un ourlet à faire dans le bas pour ajuster la longueur… et une tringle à poser à l'aide de votre super-perceuse !

Je partage ma chambre avec ma sœur

Tendez un rideau entre les deux espaces (en vous mettant d'accord sur la couleur de cette frontière, c'est ça aussi la démocratie !) et aménagez votre domaine à votre guise. Grâce au rideau, il n'y a pas de danger que les deux moitiés de chambre jurent l'une avec l'autre.

decorated place

SOS Vacances

Prête à partir aux quatre coins du monde en deux minutes chrono !

SOS
Invitée chez une copine

Une amie vous invite en vacances, à la campagne, à la montagne, ou au bord de la mer. Emportez chez elle les conseils suivants... et vous laisserez là-bas des souvenirs parfaits.

Argent et cadeaux

• Prenez une somme d'argent de poche suffisante pour vos souvenirs personnels, cartes postales et timbres. Il serait délicat de devoir emprunter de l'argent à votre famille d'accueil !
• N'oubliez pas un petit cadeau pour remercier les parents de vous recevoir. En général, on l'offre dès l'arrivée.

Dans vos bagages

• Demandez à la maîtresse de maison s'il faut apporter draps et taie d'oreiller.
• En principe, prévoyez serviette de bain et gant de toilette, sauf si les parents de votre amie vous disent de n'en rien faire !
• Vêtements : emportez-en assez pour ne pas avoir à en laver chez votre amie. Sa mère aussi a droit à des vacances (de lessive et de repassage) !
• Dans votre garde-robe, pêchez des vêtements de sportive : si on vous propose du bateau, des balades à vélo ou du jardinage, vous serez malheureuse en jupe-veste-chaussures à talons.
• Au bord de la mer et surtout en montagne, il peut faire froid au cœur de l'été : ne négligez pas pull chaud, polaire et coupe-vent imperméable.
• Tongs, tennis, godillots de marche ? Interviewez vos hôtes qui sauront vous prescrire les chaussures adaptées !
• N'oubliez pas maillot de bain, serviette de plage, lunettes de soleil (même à la campagne, où les piscines municipales existent).

• Et quelques petites tenues jolies si vous sortez le soir avec votre copine (sans faire le mur, s'il vous plaît !).

• Glissez dans vos bagages un grand sac en plastique comme panier à linge sale personnel… à ranger dans un endroit discret de votre chambre.

Trousse de toilette

• Emportez shampoing, dentifrice, brosse à dents, brosse à cheveux, déodorant, Coton-Tige, serviettes hygiéniques ou tampons, crème dépilatoire ou rasoir, crème solaire, nécessaire de maquillage.

Sur place

• Bien sûr, les invités ont le beau rôle. On les choie, on les sert les premiers à table, on leur demande leur avis sur le programme… Mais l'invitée idéale est celle qui ne se comporte pas comme une duchesse et qui a des ressorts dans les jambes pour rendre service.

• Sentez-vous responsable des lieux que vous utilisez : pas de cheveux dans la douche, des toilettes propres, un lit fait tous les matins, une chambre qui ne ressemble pas à un champ de mines… et un petit coup de ménage le dernier jour si la maîtresse de maison veut bien vous laisser empoigner l'aspirateur !

• Les vacances sont faites pour dormir. Mais si vos hôtes sont dynamiques, ne les faites pas trépigner devant votre porte chaque matin jusqu'à midi. Adaptez-vous à leurs horaires !

• Les vacances sont un temps pour la décontraction. Mais veillez à garder une tenue normale dans la maison. On ne déjeune pas en Bikini parce qu'on revient de la plage. On fait encore moins la navette entre chambre et salle de bains en culotte-soutien-gorge !

• Moyennant ces (simples) règles de vie, c'est sûr, on vous appréciera. On risque même de vous réinviter !

Us et coutumes

Soyez attentive aux coutumes qui peuvent différer de chez vous. Certaines maîtresses de maison préfèrent par exemple qu'on se déchausse chez elles. Faites comme tout le monde !

Merci !

Après un séjour chez votre amie, ses parents apprécieront vivement une petite lettre pour les remercier de ces bonnes vacances. Inutile d'écrire un roman si vous ne vous appelez pas Marcelle Proust ! Évoquez vos meilleurs souvenirs en quelques lignes et dites très simplement votre gratitude.

SOS Camping

Votre bande de joyeux lurons décide de partir barouder dans la nature et de dormir à la dure... Super ! Mais pour la pleine réussite des vacances, mieux vaut organiser qu'improviser. Une campeuse aguerrie en vaut deux !

Les petits +

Pensez à emporter jeu de cartes et jeux de société, pour occuper les jours de pluie. Et pourquoi pas votre guitare ou votre flûte pour animer les veillées autour du feu !

Dans votre sac à dos

• Assez de vêtements de rechange pour parer aux sautes d'humeur de la météo. Choisissez des tissus légers qui sèchent vite (synthétiques, polaire, en évitant soigneusement le jean) et qui peuvent se passer de repassage (oubliez le lin !).
• Une veste chaude pour affronter l'humidité du soir (et vous servir d'oreiller la nuit).
• Un duvet : adaptez son épaisseur aux conditions climatiques et à l'altitude.
• Un tapis de sol vous évitera de vous retourner toute la nuit sur un caillou, comme la princesse au petit pois…
• De la vaisselle en plastique ou en fer-blanc, un liquide pour la nettoyer, un torchon pour la sécher, une vieille serviette de table, un canif multi usage avec ciseaux, un briquet.
• Une lessive « lavage à la main ».
• Un spray corporel anti moustique.
• Une lampe de poche ou une lampe frontale.

Conseil de pro

Si vous devez planter la tente après une longue randonnée, emballez vos vêtements dans des sacs en plastique à l'intérieur de votre sac à dos, ou revêtez celui-ci d'une housse imperméable.
En cas d'averses, cela vous évitera d'être trempée jusqu'aux os dans votre tenue de rechange !

Dans vos trousses

• Dans votre trousse de toilette : shampoing et savon (dans une boîte en plastique), lingettes démaquillantes, serviette de toilette (ne prenez pas la plus neuve de la maison, mais plutôt un modèle spécial campeur qui sèche très rapidement), rasoir (vous serez mal installée pour vous livrer à de savantes applications de cire), tongs pour les sorties de douche, papier hygiénique pour pallier les failles possibles des toilettes du camping !

• Dans votre trousse à pharmacie : pansements, désinfectant, bande, paracétamol, pince à épiler, Aspi-venin. Pensez aux lotions désinfectantes qui permettent de se laver les mains sans eau (vente libre en pharmacie), pratiques quand on veut soigner un bobo en rando.

Où monter sa tente ?

• Dans un camping plutôt qu'au milieu de nulle part, pour des raisons de sécurité (vous éviterez les rôdeurs, les sangliers ou les ours) et de légalité (le camping sauvage est interdit presque partout, et les agriculteurs n'adorent pas qu'on prenne leurs champs privés pour des gîtes d'étape !).

• Sur un terrain plat, sans cailloux… et sec. Méfiance, une pelouse trop grasse peut cacher un marécage !

• Dans un endroit ombragé pour ne pas frire sous votre tente dès le lever du soleil. Mais évitez de vous abriter directement sous un arbre, c'est dangereux en cas d'orage !

Comment monter sa tente ?

• Commencez par déplier les deux arceaux de métal qui forment l'armature. Enfilez-les dans les boucles cousues à cet effet sur la tente. Ils doivent se croiser au milieu.

• Arc-boutez les arceaux. Abracadabra, la tente se dresse d'un bond ! Demandez à une copine de se placer à l'opposé de vous pour la maintenir, et à une autre copine de planter les piquets (« sardines » pour les intimes) dans la terre.

• Ajoutez ensuite le double toit. Pour une imperméabilité parfaite en cas de pluie, il ne doit pas adhérer à la tente : tendez-le bien et fixez-le à terre avec d'autres sardines.

Gare aux poissons volants

Vos petits bras musclés doivent enfoncer les sardines jusqu'au cou dans la terre : sinon, au premier coup de vent, elles s'envoleront et la tente avec !
Sur un terrain dur, prenez un caillou pour mater au marteau les piquets récalcitrants.

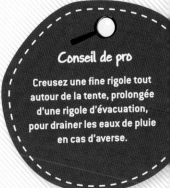

Conseil de pro

Creusez une fine rigole tout autour de la tente, prolongée d'une rigole d'évacuation, pour drainer les eaux de pluie en cas d'averse.

SOS
À l'étranger

Vos parents ont décidé de vous envoyer trois semaines en Grande-Bretagne pour étoffer votre vocabulaire shakespearien. Comment faire en sorte que votre séjour se passe bien.

Plus de frontières ?

Même si les douanes sont abolies au sein de l'Union européenne, on vous demandera toujours vos papiers dans les aéroports, parfois dans les gares. Il est impératif de posséder une carte d'identité. Attention à la Suisse qui, quoique voisine de la France, ne fait pas partie de l'Europe et continue à exiger des papiers en règle aux frontières.

foreigner

Vos papiers, s'il vous plaît !

• Occupez-vous de vos papiers au moins trois mois à l'avance : carte d'identité, autorisation de sortie de territoire signée par vos parents, passeport si vous voyagez hors d'Europe. Pour ces démarches, allez à la mairie de votre domicile.

Avant de partir

• Renseignez-vous au maximum sur votre pays d'accueil. De l'histoire au taux de change, de la géographie aux habitudes culinaires, du climat aux particularités culturelles, toutes les infos que vous engrangerez vous éviteront l'impression d'atterrir sur une autre galaxie…

• Communiquez par mail avec votre famille d'accueil pour mettre au point tout ce que vous devez apporter.

• Prévoyez un petit cadeau (une spécialité de chez vous, bien sûr !) à lui offrir dès votre arrivée.

Caméléonne

• Une fois sur place, déployez toutes vos capacités d'adaptation !
• Au bout de quelques jours, si le courant passe vraiment mal avec votre famille d'accueil malgré toute votre bonne volonté, parlez-en à vos parents qui contacteront l'organisme responsable du voyage pour vous changer de famille.
• Évitez de croiser trop de francophones. Un bain linguistique passe par une immersion totale dans la culture du pays. Si vous ne parlez que français, votre séjour sera aussi utile qu'une cuillère pour couper une entrecôte.
• Évitez aussi les cybercafés et les heures passées sur le web avec vos copines de l'école. Promis, vous les retrouverez à la rentrée !
• La télévision est aussi un bon bain linguistique. Regardez-la de temps à autre : même les pubs pourront vous aider à progresser vite et bien dans la langue.
• Si vous êtes accueillie dans une école, vous allez avoir l'impression d'être noyée en cours. *No panic !* Au début, il est normal de ne pas comprendre un traître mot des leçons, ni des conversations de récré. Courage, l'aisance viendra au fil du temps, à force d'ouvrir vos oreilles !

Il faut s'y faire !

Petit déjeuner anglais à base de porridge tiède, déjeuner espagnol qui commence à 15 heures au risque d'une crise d'hypoglycémie pour les non-habituées, dîner allemand fini dès 18h30 ! Passer une frontière, c'est découvrir un certain nombre d'habitudes. Et le faire de bon cœur !

beauté
bricolage
garçons
Couture
École
Cuisine
Copines
baby-sitting

SOS

Linge
bobos
shopping
Pertes et vols
savoir-vivre
Petits boulots
Ma chambre
vacances

Crédit photos

Stylisme Sophie Roche / Photos Lionel Antoni
pp. 25, 27, 31, 44, 53, 55, 57, 59, 63, 67, 70, 73, 85,
103, 113, 117, 123, 125, 127, 130, 181, 191, 193, 195, 197.

Stylisme Élisabeth Hebert / Photos Lionel Antoni
pp. 33, 35, 39, 41, 43, 46, 49, 61, 75, 77, 79, 81, 87,
89, 91, 105, 107, 109, 115, 119, 133, 137, 139,
140, 141, 155, 159, 170, 179, 205.

Stylisme Anne Favier / Photos Lionel Antoni
pp. 92, 93, 94, 96, 99, 101, 169, 175, 201.

Stylisme Franck Schmitt / Photos Claire Curt
pp. 28, 121, 153, 161, 167, 173, 199.

Remerciements

La Casa, La Chaise longue, Bathroom graffiti , Pylônes, Plastic,
Castorama, Leroy Merlin, Ikéa, Bourjois, Séphora, Givenchy,
Guerlain, Chanel, Biotherm, Avène, Clarins, Dim.

Merci à tous nos modèles

Alexandre, Ingrid, Ratcha, Nicolas, Lou, Caroline, Sarah,
et Guillaume.

Achevé d'imprimer en juillet 2008
par Holinail en Chine
N° d'édition : 08136-01
Dépôt légal : octobre 2008